抗日战争时期
细菌战与防疫战
文献集

张宪文 吕晶 —— 主编

国家出版基金项目
NATIONAL PUBLICATION FOUNDATION

王萌 冯钰麟 张亮 编

日军官兵证言所见
侵华细菌战暴行

江苏人民出版社

图书在版编目(CIP)数据

日军官兵证言所见侵华细菌战暴行 / 王萌,冯钰麟,
张亮编. -- 南京:江苏人民出版社,2025.2(2025.8重印).
(抗日战争时期细菌战与防疫战文献集 / 张宪文,吕晶主编
). -- ISBN 978-7-214-29510-1

Ⅰ. K265.606

中国国家版本馆 CIP 数据核字第 2024ZE5579 号

抗日战争时期细菌战与防疫战文献集

主　　编　张宪文　吕　晶

书　　名　日军官兵证言所见侵华细菌战暴行
编　　者　王　萌　冯钰麟　张　亮
责任编辑　张晓薇
装帧设计　刘葶葶
责任监制　王　娟
出版发行　江苏人民出版社
地　　址　南京市湖南路 1 号 A 楼,邮编:210009
照　　排　江苏凤凰制版有限公司
印　　刷　苏州市越洋印刷有限公司
开　　本　718 毫米×1000 毫米　1/16
印　　张　13.5　插页 4
字　　数　192 千字
版　　次　2025 年 2 月第 1 版
印　　次　2025 年 8 月第 2 次印刷
标 准 书 号　ISBN 978-7-214-29510-1
定　　价　98.00 元

(江苏人民出版社图书凡印装错误可向承印厂调换)

国家社会科学基金抗日战争研究专项工程项目
2021年度国家出版基金资助项目
"十四五"国家重点出版物出版专项规划项目
国家记忆与国际和平研究院资助项目

学术委员会

王建朗 张连红 张 生 马振犊 夏 蓓

编纂委员会

主 编

张宪文 吕 晶

编 委（按姓氏笔画）

王 萌 王 选 皮国立 吕 晶 许峰源 李尔广 杨善尧

杨渝东 肖如平 张宪文 林少彬 贺晓星 谭学超

总　序

　　人类使用生物武器的历史由来已久,古代战场上"疫病与战争"的关系对现代战争产生了深远的影响。20世纪以来,随着微生物学和医学等学科的长足发展,通过生物技术人为制造病菌,在军事上削弱并战胜敌军成为重要的战争手段。第二次世界大战时,德、日、美等国均开始研制和使用生物战剂。当时,主要以细菌、老鼠和昆虫为传播媒介。30年代起,日本违背国际公约,在中国东北等地组建细菌部队,针对我国平民实施大规模细菌战。为真实记录这段历史,南京大学牵头组织20余位海内外学者,承担了国家社科基金抗日战争研究专项工程之"日军细菌战海内外史料整理与研究"项目,经过多年艰苦工作,先期推出11卷"抗日战争时期细菌战与防疫战文献集"(简称"文献集")。

　　关于抗日战争时期的细菌战与防疫战,既有的研究基本以收集七三一等细菌部队的罪证为主,以之批判侵华日军细菌战暴行的残虐与反人类。在此基础之上,部分学者分别从社会学、心理学、医学、军事学等角度开展跨学科研究,有力地推动了该领域研究的发展。而日本对华细菌战的推行者,并不仅限于臭名昭著的七三一,还包括荣一六四四、甲一八五五、波八六〇四和冈九四二〇等细菌部队,形成了一个完整严密的研究与实战体系。

　　"文献集"以日本在二战期间发动细菌战为中心,全面发掘梳理战前、战时与战后各阶段所涉及的细菌战战略与战术思想、人体实验、细菌武器攻击,以及战后调查与审判的相关史料。"文献集"以中日两国史料为主,兼及苏联等相关国家或地区的史料,对已发现的重要史料尽可能完整地收录,辅以必要的简介和点评,最大程度地保持史料的原始面貌和可利用性。

"文献集"将细菌战研究置于全球视野之下,从多方视角进行实证分析探讨。一方面追踪七三一等细菌部队隐秘开展的活体实验,深入挖掘其所从事的日常业务,深刻理解军国主义时代日本医学的"双刃剑"性质;另一方面关注国民政府战时在卫生防疫方面的应对策略,以及中日双方开展的攻防战。同时,不能忽视战后美苏两国因各自利益所需,对战时日军在华细菌战罪行的隐匿与揭露,包括1949年末苏联组织军事法庭,针对日军在战争期间准备和使用细菌武器罪行的审判材料,以及美国基于对日军细菌战参与人员长达四年的问讯记录而形成的《桑德斯报告》《汤普森报告》《费尔报告》和《希尔报告》等第三方史料。

"文献集"立足于对日军在华细菌战核心部队、重要事件和关键问题等史实的具体呈现。此次出版的11卷由史料丛编和调研报告组成,其中史料丛编为"文献集"的主体部分,包括几个方面:(1)日本防卫省防卫研究所、国立公文书馆和战伤病者史料馆等机构所藏档案,亚洲历史资料中心的数字资料,以及各类非卖品文献、旧报刊、细菌部队老兵证言等资料;(2)受害国中国当时医疗卫生、传染病调查,以及受到细菌武器攻击后的应对情况方面的资料,考察选收中国大陆重要省份和台北"国史馆"、台北档案管理局的相关史料;(3)苏联时期及部分当代俄罗斯出版的关于细菌战、细菌武器、生化战历史和科学史专题的俄文史料及文献著作;(4)英国、澳大利亚等国家档案馆馆藏有关日本战争罪行的档案。

具体而言,中方史料主要包括日渐被学界关注的国民政府针对日军细菌武器攻击的调查与应对,涉及战时防疫联合办事处、中央卫生署、省卫生处、防疫委员会、医疗防疫队和军方防疫大队等一系列国民政府防疫机构以及中国红十字会总会的相关档案,还有60余种近代报刊中关于抗战前后细菌战与传染病知识的科普与传播、日军具体投放细菌行为的报道,以及战时各地疫情与防疫信息等方面的内容;此外,20世纪50年代新中国审判日本战犯,获得日军甲一八五五部队等部官兵回忆投放细菌及从事人体实验罪行的供词,这些战犯口述笔供中的细菌战相关情报,具有较高的史料价值。

　　日方史料围绕日本细菌战作战指挥系统、细菌战战略思想、在中国相关地区的细菌武器攻击、以往研究较少涉及的两支重要的细菌部队(荣一六四部队和冈九四二〇部队)等核心问题,吸纳小川透、近食秀大、山内忠重等细菌部队军医发表的研究报告和学术论文,重新整理、翻译内海寿子、镰田信雄、三尾丰、千田英男、天野良治、沟渊俊美、鹤田兼敏、丸山茂等多名细菌部队老兵证言。其中细菌部队卫生防疫研究报告不仅揭示战时中国地区疫情传播的实相,也反映这些细菌部队的研究课题之侧重所在。尤其是从军事医学、微生物学角度去看,这几支细菌部队依据所在地区特点,“因地制宜”地开展相应研究,为后期作战做了较为充足的准备,由此不难窥见日军细菌战战略的意图和布局。

　　第三方史料,主要系统地介绍和引进苏联和俄罗斯有关生化战和细菌战的文献资料,包括苏联早期引进的细菌战研究著作、伯力审判材料、《真理报》所刊登关于伯力审判的内容、朝鲜战争中美军生化战报告及其与日本侵华生化战有关的材料、苏联和俄罗斯关于生化战的研究与引进成果、俄安全局档案分局2021年解密的日军生化战档案、俄国内对于解密材料的新闻报道等。这些资料呈现了苏联和俄罗斯在历史上与生化战和细菌战之间的关系,以及苏、俄军方及科学界对其认知、研究、防范的变化过程,为中国史学界提供了生化战和细菌战研究的另一视角。

　　“文献集”另一组成部分是课题组当下采集到的口述资料,即2018年前后在浙江衢州江山等县村对当地“烂脚老人”进行田野调查,形成的“日军细菌战创伤记忆口述调研实录”。依据老人证言和地方史志的对照,从时间序列和空间分布上分析,不难发现“烂脚病”的出现与日军细菌战之间有密切关联。在日军实施细菌战之前,衢州等地从未有过此病及相关记载,而在细菌战之后,此病在这些地区频繁出现,且出现病例最多的村落与日军曾经控制的浙赣铁路线高度重合。课题组保存了日本在华细菌战的底层受害者的声音,将受害者的个人记忆与文本文献有机结合,从而在证据链上达到最大程度的充分性、多样性和丰富性。

　　"文献集"得以顺利出版，首先感谢国家社科基金抗日战争研究专项工程和国家出版基金的支持，在编写和出版过程中得到抗日战争研究专项工程学术委员会各位专家的悉心指导，也感谢中央档案馆、中国第二历史档案馆、侵华日军南京大屠杀遇难同胞纪念馆和台北"国史馆"等合作单位的支持与帮助。课题组相信本系列图书的出版，或将有利于提升抗战时期细菌战与防疫战研究的深度与广度。

　　"文献集"全面揭露日本发动细菌战的罪行，并非为了渲染仇恨，而是为了维护人类尊严和世界和平，助力中华民族伟大复兴和人类命运共同体建设，以史为鉴，面向未来。兹值"文献集"出版前夕，爰申数语，敬以为序。

目　录

导　言

　　本卷的主体是日本七三一研究会所编《细菌战部队》（晚声社1996年版）中译本，内容主要是侵华日军细菌部队官兵（含家属）或相关人员的证言。作为第一手史料，具有很强的可读性和学术价值。为使读者更好地了解日军细菌部队官兵证言对于侵华细菌战研究的意义，译者之一武汉大学历史学院王萌教授为本卷撰写导读。《细菌战部队》原书在一些证言之后另附有研究者的解说，本卷一并译出。

　　众所周知，侵华日军细菌战研究是抗日战争研究的重要一环，相关研究对于揭露侵华日军反人类罪行，遏制日本军国主义死灰复燃，增强中华民族凝聚力，弘扬伟大抗战精神等方面具有重要作用。然而，这一领域的研究，长期以来不得不面对的一个重要问题就是，史料不足，特别是第一手文献的匮乏。造成这一局面的原因是多方面的。首先，侵华日军七三一部队等细菌部队在日本法西斯投降之前，便开始有计划地大规模销毁与细菌战相关的资料和设施，这使得许多第一手资料未能存世；其次，反法西斯战争胜利之后，驻日美军了解到战时日军细菌战部队通过人体实验研制细菌武器的情况，为了促进美国的细菌战研究，竟然与石井四郎等细菌战战犯进行"交易"，以免除其战争责任为筹码，换得七三一部队的人体实验资料，由此导致诸多重要史料落入美方手中；再次，日本投降前，细菌战部队相关成员被下达严格的封口令——"要将秘密带至坟墓中去"，大多数部队成员在日本战败后选择沉默，更有一批部队军官通过人体实验资料成为日本医界的领袖人物,这些人不仅不可能主动站出来做证或交出手中的资料,反而利用各种机会否定细菌战与人体实验,从而使相关学者获得史料的难度进一步增加。目前从事细菌战研究的学者们能够获得的任何一份一手史料都来之不易,在原始资料或被销毁,或因各种原因无法面世的情况下,本卷中各位证人的证言尤为宝贵,特别是他们作为侵华日军细菌部队官兵指挥或参与人体实验等罪行,其证言的可信度无疑较高,而且不同证人之间的证言可互为佐证,由此进一步提高可信度。

本卷中各位证人的证言也涉及以往研究中缺乏关注的内容。例如证人中有相当一部分是七三一部队少年队队员,他们作为未成年人不仅被日本法西斯征召入队,而且被有目的地分配到七三一部队学习细菌战知识,甚至从事反人道的活体解剖、极危险的细菌培养等工作,对于这部分历史的发掘和揭露,可以更为全面地揭示日本法西斯对于中日两国人民犯下的战争罪行。本卷中的证人还包括甲一八五五部队、关东军一〇〇部队、荣一六四四部队、波八六〇四部队等其他细菌部队的成员,有助于我们全面认识日军细菌战部队的分布、构成、日常活动等情况。值得注意的是,有证言透露,日军在新加坡等东南亚地区也开展过细菌战研究。当前的细菌战研究不仅要关注中国战场,更有必要将研究视野扩展至东南亚,以此进一步提升对于日军细菌战研究的国际关注度和参与度,使我们从世界反法西斯战争的视角更深入、全面地研究分析日军发动的细菌战。此外,大多数证人原为七三一部队低层人员,从他们的证言中我们可以了解该部队基层的运作状况。他们的证言直接、客观地阐述自己对于日军细菌战暴行的感受,比如渡边初、松本博、千田英男等人作为活体解剖和人体实验的直接参与者或见证者,不仅详细地记录下了相关事件的过程,且更直白地表述自己对于日军暴行的不满和忏悔之情,对于这些证言的发掘利用,可以更为有力地批驳日本右翼分子否定细菌战历史的相关言论。

除王萌教授外,编者团队还包括冯钰麟博士、张亮博士、李亚楠博士。这些证言,大多是日本七三一研究会会员多年努力从原细菌部队官兵处采访所得,编者们对之加以译介,以期能够为学界提供具有重要参考价值的学术资料。

导读 细菌部队官兵证言与日本侵华细菌战研究

　　抗日战争时期日本对中国发动的细菌战,可谓人类历史上至为黑暗的一页。因战时关东军七三一部队等细菌部队的活动具有高度隐秘性,兼之投降前夕日本军政当局对相关档案文书有意识地加以销毁,战后初期世人对于日军细菌部队的所作所为知之有限。在 1949 年 12 月苏联当局组织的伯力审判及 20 世纪 50 年代抚顺战犯管理所在押期间,一些原细菌部队官兵供出所属部队通过活人实验研制细菌武器并将之用于实战的罪行;80 年代以来,以七三一部队为题材的纪实文学《恶魔的饱食》系列问世,在日本社会引起强烈震动,书中大量引用原细菌部队官兵的证言,翔实揭露了日本侵华细菌战的反人道与残暴性。至 90 年代,在日本社会"七三一热"的影响下,一些原官兵于垂暮之年说出心中的秘密,揭露细菌部队更多的内幕,有力推动了日本侵华细菌战研究的深入。

　　细菌部队官兵证言作为研究日本侵华细菌战的重要史料,一定程度上填补了相关档案文书的缺失。然而,证言作为一种口述史料,因个人认知、经历和体验上的差异,其真实性往往受到质疑。以往学界对于官兵证言的解读,大多停留于捕捉其史料价值的层面,并未分析其背后的话语动机及时代性。[①] 本

---

① 中外学界对于原日军细菌部队官兵证言,是将之作为"史料"使用的。在此基础之上编撰而成的一些资料集,也是旨在向和平时代的人们传递历史真相,揭露日本军国主义的残暴本质。如中央档案馆等编:《细菌战与毒气战》,北京:中华书局,1989 年,"本卷编辑说明"第 1 页;七三一研究会:《细菌戦部隊》,東京:晩声社,1996 年,前言第 15 頁。

文旨在考察战后原细菌部队官兵证言层累的历史过程,探讨其对于日本侵华细菌战研究的学术价值及作为史料的特点。

一、被审判者的证言

在 1946 年 8 月的东京远东国际军事法庭上,美籍助理检查官萨顿提交了一份中国战争犯罪委员会提交的报告,其中披露了战时日军细菌部队荣一六四四部队将中国平民用作细菌实验材料的暴行。[①] 在佐证材料中,包含原部队卫生兵榛叶修的一份供词。榛叶修于 1942 年 5 月至 1943 年 3 月在该部队防疫科工作,因厌恶日军在"圣战"名义下从事细菌战的恶行而脱离该部队。他在供词中透露,该部队将伤寒、鼠疫、赤痢等传染病菌散布于浙江金华等地,"人为使传染病猖獗起来,以毒毙敌军,消灭其士气"。[②] 榛叶修的这份供词,可能是原日军细菌部队官兵最早揭露抗战时期日本对华实施细菌战的证言,无疑具有重要的史料价值。然而,因美国对日本细菌战的包庇与掩蔽,榛叶修的证言并未在法庭上受到重视,萨顿报告揭露的荣一六四四部队的罪行也未被深究。

在美苏冷战的背景下,1949 年 12 月,苏联当局于伯力城对原关东军司令官山田乙三等 12 名日本细菌战战犯进行公开审判。被审判者的供词,成为揭露日本侵华细菌战最直接的证言。关东军军医部部长梶塚隆二供出七三一部队"秘密中的秘密",即利用活人开展细菌实验并生产细菌武器。[③] 七三一部队生产部部长川岛清在供词中提到,1940—1945 年在该部队中因感染致命细菌而被杀害者,至少有 3 000 人;[④]七三一部队教育部部长西俊英供

---

① 《在东京举行的远东国际军事法庭 1946 年 8 月 29 日庭审速记节录》,《前日本陆军军人因准备和使用细菌武器被控案审判材料》,莫斯科:外国文书籍出版局,1950 年,第 202 页。

② 《榛叶修笔供》(1946 年 4 月 17 日),中央档案馆等编:《细菌战与毒气战》,第 237 页。

③ 《梶塚隆二早庭审讯记录》(1949 年 12 月 27 日),《前日本陆军军人因准备和使用细菌武器被控案审判材料》,第 313 页。

④ 《川岛清受审记录摘录》(1949 年 10 月 23 日),《前日本陆军军人因准备和使用细菌武器被控案审判材料》,第 121 页。

出部队长石井四郎曾亲率"远征队"于宁波一带使用鼠疫菌攻击中国军队的情况;①生产部课长柄泽十三夫则交代其于1943—1944年曾两度参加在安达野外实验场用炭疽菌、鼠疫菌传染活人的实验。② 尽管高级军官们供出一些七三一部队的内幕,然而关于人体实验、细菌武器研制以及投入实战的细节,或语焉不详,或轻描淡写,竭力回避罪责。

相较于高级军官的避重就轻,一些原七三一部队底层官兵,如古都良雄、仓员悟、堀内主计、濑越健一、佐佐木希助等人的供词则更为翔实。古都良雄供称,他在浙赣战区用七三一部队飞机运来的伤寒菌和副伤寒菌传染过蓄水池、水井和民众住宅,并把大量染有病菌的馒头分发于中国战俘。③仓员悟的证词则涉及七三一部队从事的另一战争罪行——冻伤实验,他曾目睹被实验者的惨状,"其中有两个人已经完全脱掉了手指,他们的手掌是乌黑的,而其余3个人的手指则露出了骨头,虽然他们还有手指,但剩下的只是指骨。吉村(指吉村寿人,原七三一部队冻伤班班长——笔者注)对我说,他们这种情形是由于受过冻伤实验的结果"。④ 这些士兵的供述,尽管未必出于自愿,但毕竟将七三一部队通过人体实验研制细菌武器,并将之运用于实战的罪行公之于众。⑤ 当时,《朝日新闻》等日本媒体报道了伯力审判的一些动向,⑥然而驻日美军称伯力审判不过是苏联的"烟雾宣传",东京法庭首

① 《西俊英晚庭审讯记录》(1949年12月26日),《前日本陆军军人因准备和使用细菌武器被控案审判材料》,第300—301页。

② 《柄泽十三夫早庭审讯记录》(1949年12月26日),《前日本陆军军人因准备和使用细菌武器被控案审判材料》,第279—280页。

③ 《古都良雄晚庭审讯记录》(1949年12月28日),《前日本陆军军人因准备和使用细菌武器被控案审判材料》,第379—384页。

④ 《仓员悟晚庭审讯记录》(1949年12月28日),《前日本陆军军人因准备和使用细菌武器被控案审判材料》,第396—397页。

⑤ 新华时事丛刊社:《正义的审判——苏联审讯日本细菌战犯案经过》,北京:新华书店,1950年,第7、13页。

⑥ 如《山田元大将らを告発　ソ連・細菌戦術企図を理由に》,《東京朝日新聞》(朝刊)1949年12月25日,第3版;等。

席检察官季南也以"没有证据"为由否定日本曾发动过细菌战，①伯力审判对日本侵华细菌战的揭露，并未在日本社会引起波澜。

中华人民共和国成立后不久，《人民日报》等媒体积极报道伯力审判的进展，呼吁中国民众应向全世界控诉抗战时期日军的细菌战罪行。值得注意的是，《人民日报》还专门刊载日报《赤旗》上原甲一八五五部队卫生兵松井宽治的证言，揭露战时该部队在北京研制细菌武器的一些细节。② 1950年7月，苏联将一部分日本战犯引渡于中国。在中国政府相关工作人员的教育和感召下，抚顺和太原战犯管理所中在押的一些原日军细菌部队成员供出曾参与日本侵华细菌战的罪行。在1956年沈阳特别军事法庭上接受审判的战犯榊林秀夫，曾任七三一部队林口支队支队长，他的供词提及曾参与安达野外细菌实验的经历，"关于安达的事，过去的供词是完全错误的，我是参加了在安达的杀人实验……（1945年4月）我穿上了全套预防衣，从五六百米的距离观看了这种惨绝人寰的暴行。这个炸弹填着可怕的炭疽菌，让他们从鼻咽腔吸进绝对没有生存希望的肺炭疽，或因破片让他们发生皮肤炭疽，是特别残暴的行为，我也参加了这种罪恶的活动"。③ 篠塚良雄，原名田村良雄，曾为七三一部队少年班成员，在抚顺关押期间他在供词中述及七三一部队的组织结构及各部门的任务，提到1939年6月中旬亲身参与制造使用于诺门坎战役的细菌榴霰弹的经历，以及两次参与对抗日地下工作人员进行鼠疫菌注射实验的情况。④ 卫生兵上田弥太郎于1941年5月至1943年7月在七三一部队服役，主动在笔供中提及参与人体实验的经历：

---

① 参见《細菌裁判は煙幕　シーボルト氏言明「ソ連側の宣伝」》，《東京朝日新聞》（朝刊）1949年12月29日，第1版；《捕虜で実験　細菌戦犯起訴状を発表》，《東京朝日新聞》（朝刊）1949年12月25日，第3版。

② 《日共赤旗报载文揭露：日寇曾在北京制造毒菌　已由原细菌部队卫生兵松井宽治证实》，《人民日报》1950年2月21日，第1版。

③ 《榊林秀夫笔供》（1956年4月28日），中央档案馆等编：《细菌战与毒气战》，第80—81页。

④ 《田村良雄笔供》（1954年9月30日）、《田村良雄口供》（1954年10月10日），中央档案馆等编：《细菌战与毒气战》，第14—19、57、64—65页。

　　　　1942 年 4 月左右,我被允许进入七、八栋(七三一部队的监狱),其
手续是先到照相班照了相。把相片贴在出入证上,盖上指印,才被允许
出入。最初被好奇心所驱使而进入。第一回与江田武一一同进去,把
被进行细菌实验的爱国者交给我,指示我每日测量并记录血球、血沉、
血压、体温,我依指示而执行,看着病情日渐恶化的人,心情很不好,尽
管如此,若不执行上级指示,在当日我即会被从地球上抹掉。这样的日
子,每天在继续着。①

上田交代他参与人体实验时的悔恨心情:"啊! 这该是何等的暴虐! 有多少
人曾经为此而牺牲! 从不停息地冒着黑烟,高耸入云的烟囱,究竟吞食过多
少人的遗骸! 人的宝贵生命被作为豚鼠的代用品遭到任意践踏,最后变成
了一份表格!"②除七三一部队队员之外,在关内的一些原细菌部队官兵,如
原济南防疫给水部的竹内丰则供述他多次对八路军被俘战士进行医学及细
菌学方面的实验的罪行等。③ 自 1938 年初以来,关东宪兵队策划了七三一
部队人体实验中的重要一环"特别移送",即将捕获的抗日爱国志士、谍报人
员押送至该部队接受细菌实验的罪行。原宪兵齐藤美夫在笔供中承认,"我
在当时深知,被押解的中国人是要送到石井细菌部队供做实验"。④ 三尾丰
则供出在大连宪兵队本部、宪兵分队任职期间,曾逮捕抗日地下工作者沈得
龙夫妇、中共党员李忠善、天津抗日工作人员王耀轩等人送至七三一部队的
经历。⑤

　　战后,因美国对日本细菌战罪行的庇护,潜逃回国的石井四郎等细菌战
战犯逃脱了东京审判,战时日本细菌部队的暴行并未受到追究。在苏联和
中国关押期间,一批原细菌部队官兵作为被审判者,供出参与日本对中国实
施细菌战的诸多内幕,他们的供词完全证实了战争时代日本细菌部队曾从

---

① 《上田弥太郎笔供》(1953 年 10 月 9 日),中央档案馆等编:《细菌战与毒气战》,第 68 页。
② 《上田弥太郎笔供》(1953 年 10 月 9 日),中央档案馆等编:《细菌战与毒气战》,第 71 页。
③ 《竹内丰笔供》(1954 年 11 月),中央档案馆等编:《细菌战与毒气战》,第 224 页。
④ 《齐藤美夫笔供》(1954 年 8 月 20 日),中央档案馆等编:《细菌战与毒气战》,第 94 页。
⑤ 《三尾丰口供》(1954 年 9 月 18 日),中央档案馆等编:《细菌战与毒气战》,第 124 页。

事大规模人体实验、研制细菌武器并将之实战化的战争罪行。然而，在冷战体制下，日本政府对中苏两国采取敌视态度，国内右翼势力对军国时代日本所犯诸种战争罪行予以否定，兼及日本与中苏两国信息交流渠道的不畅，原细菌部队官兵的这批证言被日本右翼视为共产政权"胁迫"下的产物，在日本社会的影响甚微。

二、"良心者"的证言

日本战败之际，尽管七三一部队部队长石井四郎叫嚣所有队员"要将秘密带至坟墓"，然而随着大批队员和军属潜回日本，日本社会对于战时细菌部队的存在，也并非一无所知。1948 年 1 月发生的帝国银行投毒事件，日本警视厅即发现投毒者与七三一部队存在某种联系。作为"帝银事件"引发的涟漪，一些隐匿于乡间的原七三一部队队员因担心过往身份暴露，终日过着提心吊胆、惶恐不安的生活，秋山浩即是其中之一。

秋山浩系原七三一部队某个少年兵的化名。他的证言公开发表于《文艺春秋》杂志。在刊登前，《文艺春秋》杂志社特别调查了秋山证言的真实性，"我社对这部特殊作品的内容也曾尽了最大努力，进行过调查……事实证明这部作品的内容完全是真实的"。[①] 1945 年 3 月，17 岁的秋山浩响应日本政府动员前往伪满，不久进入七三一部队。秋山视该部队为人间地狱，将他在其中的经历视为"自身意志的行使被完全剥夺，乃是我作为杀人机器齿轮的'非人时代'"。[②] 他的证言多次提到该部队将"马路大"（即日语"丸太"，意为"圆木"，系细菌战部队对被实验者的蔑称——笔者注）虐杀的事实，如"'马路大'每天按数人速度以鼠疫、霍乱、伤寒等实验形式被残杀，遭受最后连一片皮肉都不剩地被焚烧的命运……每周六下午，宪兵队就会运来新的'马路大'，我屡屡看见他们嵌着手铐，露出绝望表情而下卡车的样子"。秋山浩目睹"马路大"在被注射鼠疫菌后的惨死之状，在证言中反思道："况且

---

① 秋山浩：《七三一细菌部队》，北京编译社译，北京：群众出版社，1961 年，第 157 页。
② 秋山浩：《細菌戰は準備されていた！》，《文芸春秋》1955 年第 8 号，第 250 页。

人体实验与虐杀的事实,不管是何人的诡辩,也绝对不可能有其正当性。"①

除秋山浩之外,个别原七三一部队队员也以匿名或半匿名形式将自身经历公之于众。在 1950 年 4 月《真相》杂志刊登的一篇文章中,专门引用了原七三一部队卫生兵大泽某关于"马路大"的证言,揭示他们的真实身份以及在七三一部队中的悲惨命运:"他们中的多数,乃因间谍嫌疑而被抓捕的苏联人、中共党员,无论给予什么,他们都默默地吃着。因此很快肥胖起来。一周内获得充分营养后,接着每个人就被送进各实验室。"②大泽所揭露的人体实验等细节,与伯力审判中仓员悟等人的证词相吻合,反映其证言具有较高的可信度。此外,日本作家岩藤雪夫同一时期发表杂文《人间"马路大"》,利用与原荣一六四四部队队员深野利雄的谈话记录,揭露了战时这支细菌部队在华中地区同样通过人体实验研制细菌武器的内情。③

20 世纪 50 年代原七三一部队队员公开发表的零星证言,被当时的日本社会视为不过是军国时代的逸闻谈资。一些揭露军国主义暴行的证言集,如 1957 年光文社出版的《三光》等,受到右翼的阻挠很快从市面上消失。1967 年出版的岛村乔的《三千人的活体实验》与 1974 年出版的山田清三郎的《细菌战军事审判》,均以伯力审判记录为基础而写成,也并未在日本社会引起较大反响。

70 年代后半期,日本对中国发动过细菌战的事实,开始引起日本社会的关注,这主要缘于"中国归还者联络会"的反复揭露。"中归联"由从中国获释归国的日本战犯组成,这一组织呼吁日本社会应正视战争、反思战争,是70 年代日本民间重要的和平力量。随着中日邦交的正常化,"中归联"通过派遣访华团实地考察等形式,揭露战时日本军队在中国各地犯下的暴行,如原鸡宁县日本宪兵队队长上坪铁一在参观七三一部队遗址时,现场坦陈曾亲自批准将 22 名认定为间谍的中国爱国人士"特别移送"至七三一部队的罪

---

① 秋山浩:《細菌戦は準備されていた!》,《文芸春秋》1955 年第 8 号,第 260 页。
②《内地に生きている細菌部隊》,《真相》1950 年第 4 号,第 11 页。
③ 岩藤雪夫:《人間マルタ》,《世界評論》1950 年第 5 号,第 139—145 页。

行。① 1982年"中归联"出版的新编《三光》中收录了会员篠塚良雄写于1957年前后的证言，与其1954年抚顺战犯管理所在押期间所写的供词不同，篠塚在证言中大大扩充了他在七三一部队中的亲身经历，详细说明他所亲见的鼠疫感染实验、冻伤实验、梅毒实验，以及直接参与活体解剖的过程。② 在新编《三光》出版前夕，篠塚为其证言撰写的补白，展露出强烈的反思、忏悔与反战意识，体现他作为一个"人"的"良心"：

> 七三一部队的极恶劣、非人道行为，是天人所不容的犯罪。为战争出卖科学家良心的"学者"，还有以救人命为使命的"医学家"、"医科学生"，由他们的手或在他们指挥下所进行的残忍活动，作为战争犯罪来看，也是"践踏国际法规范和人道原则"的恶劣典型。我尽管愚笨，也是他们的爪牙，犯下了不能偿还的数不清的罪恶，无论如何，追悔莫及……我希望战后成长的人们知道战争的实质：战争是邪恶的凝固体。③

由于战争时代细菌部队人体试验的高度隐秘性，即使在其中服役的官兵亦知之有限。篠塚良雄曾在该部队服役长达五年，是亲自参与或目睹诸种试验的核心部门成员。他的证言与该部队运输班班员越定男的证言，因丰富的细节而被学界视为原细菌部队官兵证言中的典型。

越定男，在25岁至29岁于七三一部队服役，因长期担任石井四郎的司机，目睹该部队从事各种暴行的内幕。越定男根据自身经历撰写的证言录《太阳旗下血红泪》，除揭露该部队从事的各种残酷实验之外，还细致描写了七三一部队内部的日常生活及各种人物的精神状态。关于撰写证言录的动机，正如他所坦露的，乃因"良心"的煎熬，回国后沉默的三十余年"如同背上了铅块的生活……七三一部队的生活超过了当初想象的残酷，总之，比之肉

---

① 韩晓、辛培林：《日本七三一部队罪恶史》，哈尔滨：黑龙江出版社，1991年，第214—215页。

② 中国归还者联络会编：《三光——日本战犯侵华罪行自述》，李亚一译，北京：世界知识出版社，1990年，第26—28页。

③ 中国归还者联络会编：《三光——日本战犯侵华罪行自述》，李亚一译，第33页。

体上的残酷,作为人的良心而受到拷问,可谓精神上的痛苦"。① 越定男在证言录中详细刻画了队员们日常的颓靡状态:"有时也会举行恳亲会喝酒作乐,有时也会唱军歌装点热闹。但细细想来,从未有过发自内心的欢笑、呐喊、歌唱。喧嚣并不能忘却自我。喝得烂醉虽有即刻冻死于路边的危险,然而在这秘密之城中,进行残酷实验的日常重负,到底难以抹去。"②对于部队内那些热衷从事人体试验的医学者,在越定男看来,他们早已丧失作为人的"良心","年轻的技师们对于科学具有强烈探究心,一旦进入对'马路大'的实验状态,就会没有伦理道德观念的束缚。在日本国内因顾忌人道而无法进行的人体实验等,在这里可以战争名义都能去干。所谓科学魂与军国主义爱国魂的相结合,不过是对活体解剖乐此不疲而已"。③ 与以往证言不同的是,越定男提及的"马路大"不屈斗争的情形,经常为日后中外学界所引用,"我也从同事处了解到,在最后炸毁'马路大'小屋时,看到在单人牢房的墙壁上写有'打倒日本帝国主义''中国共产党万岁'这样的文字……所谓给人极恶感觉的'马路大'一个也没有,很多都具有知识分子风范"。④

　　1982 年作家森村诚一发表的纪实文学《恶魔的饱食》,在日本社会引起极大轰动。森村在该书序言中写道:

　　　我在《赤旗》报星期日版上刊登连载小说《死器》的过程中,有机会接触到原"满洲"七三一部队即日本陆军细菌战部队的许多生存者……我接触原部队队员之后,窥视到这支部队恐怖的真相……战争本来是很残酷。对于从事在战争中都认为是惨无人道而被禁止的细菌战的人们来说,尔后的人生必定是很沉重的。但是,我们必须真实地把真相记录下来,历史决不能留下空白。经过我们拼命地说服,这些人好不容

---

① 越定男:《日の丸は紅い涙に　第七三一部隊員告白記》,東京:教育史料出版会,1983 年,第 54 頁。
② 越定男:《日の丸は紅い涙に　第七三一部隊員告白記》,第 68 頁。
③ 越定男:《日の丸は紅い涙に　第七三一部隊員告白記》,第 122 頁。
④ 越定男:《日の丸は紅い涙に　第七三一部隊員告白記》,第 43 頁。

易才开始张开了紧闭的嘴。①

作为一部纪实性文学作品,《恶魔的饱食》被中外学界视为日本侵华细菌战研究的里程碑,这得益于该著作中引用了大量日军细菌部队内部成员的翔实证言;但另一方面,尽管该作品字里行间"凝聚着加害者的胆量与赎罪意识",因大多数的证言者以匿名或半匿名形式出现,其"真实性问题"自然成为日本右翼势力质疑、攻击的对象。

从 20 世纪 70 年代后期至 80 年代前期,以《恶魔的饱食》的出版为契机,原细菌部队成员的证言开始大量出现于公众视野之中,如该部队动物班女子队员郡司阳子(实名"新野歌"——笔者注)于德间书店出版的手记《证言石井细菌战部队》等,其内容可与《恶魔的饱食》相互印证,由此进一步扩大了这部作品的影响力。相较于前文所述"被审判者"的证言,这一时期证言者的发表或写作动机无不来自所谓的"良心",体现出证言者的自愿性;而证言者大多为细菌战部队的底层士兵或军属,则绝非偶然现象。正如越定男所述:

> 事实上,至少在终战后的五年间,若要证言如今提到的事实,就有担心被抹杀的恐惧。打破 37 年间的沉默,自愿开始证言的我,有时一同站在畅快证言立场上的,反而完全是下级队员。就我个人所知的一个高级干部,现今开着相当著名医院的原陆军军医某少佐,当我和他取得联系,那人却"亲切"地对我说道:"应该忘却的就让它忘却吧。人们的传言至多也就 75 日,好好看着吧,这一传言很快就会退潮。最好不要露头。"②

在《恶魔的饱食》系列作品出版后引起轰动的 80 年代前半期,日本发生了教科书事件等右翼势力否定侵略战争的逆流。对于篠塚良雄和越定男等原细菌部队底层官兵而言,将惨痛的过往以证言形式公开出来,并发出对战

---

① 森村诚一:《恶魔的饱食——日本 731 细菌战部队揭秘》(第一卷),骆为龙、陈耐轩译,北京:新苑出版社,2007 年,序第 1—2 页。

② 越定男:《日の丸は紅い涙に　第七三一部隊員告白記》,第 183 頁。

争时代参与暴行的忏悔,显然具有重要的社会意义。这不仅体现证言者呼吁日本社会反思战争的勇气与决心,同样反映出当时日本左翼力量的进步性。

三、"七三一热"催生的证言

80 年代中后期,在《恶魔的饱食》系列作品的推动下,越来越多的原细菌部队官兵开始讲述在细菌部队的见闻与经历。如七三一部队少年队队员石桥直方接受西方媒体采访,向国际社会揭露日本侵华细菌战的诸种暴行;1991 年大分协和医院日本医师山本真利用偶然之机,采访到入住该院的原七三一部队少年队队员森下清人,由此形成详细揭露七三一部队从事非人道实验的重要史料"森下证言"①。另一方面,针对《恶魔的饱食》中一些细节的"真实性问题",森村诚一受到来自由原七三一部队队员组成的"房友会"等右翼组织的猛烈抨击,在媒体上形成轩然大波。据日本记者、日本细菌战研究者近藤昭二回忆当时情形:"被称作'恶魔'的人们,反复考证该书的细枝末节,叫嚷着'这里有问题,那里也有错误,真是一本胡编乱造的书'。他们采取发现一个错误,就一点突破、全面否定的阵势。"②令问题更为复杂化的是,原细菌部队成员中也出现了否定"被审判者"时期所做证言的声音。如原关东军一〇〇部队队员三友一男曾作为证人在伯力审判上揭露该部队罪行。然而此时三友公然宣称伯力审判违背事实,并声称其证言来自苏方的"诱导","他们所追求的,关于一〇〇部队所进行的业务,并不是正确把握事实,而是要得到沿着一个目的的供述"。③

90 年代原细菌部队官兵"证言潮"的出现,与当时日本政治局势的变化

---

① 近藤昭二:《731 部隊員の証言/第 26 回:元 731 部隊第 4 部柄沢班森下清人の証言(前半)》,《731 資料センター会報》(第 30 号),第 2—9 頁;近藤昭二:《731 部隊員の証言/第 27 回:元 731 部隊第 4 部柄沢班森下清人の証言(2 回目)》,《731 資料センター会報》(第 32 号),第 2—14 頁。

② 近藤昭二:《731 部隊員の証言シリーズ/第 3 回:元関東憲兵隊司令部員憲兵本原政雄さんの証言》,《731 資料センター会報》(第 17 号),第 9 頁。

③ 三友一男:《細菌戦の罪　イワノボ将官収容所虜囚記》,東京:泰流社,1987 年,第 174 頁。

密切相关。80 年代中后期中曾根内阁推行"战后政治总决算",日本军费急剧膨胀,至 90 年代初日本成为世界第二军费大国。1992 年日本政府通过"联合国维持和平活动法案",自卫队得以在参加联合国维和行动的名义下开赴国外。日本政治的右倾化与右翼势力在历史问题上的兴风作浪,催生出日本社会各种和平主义、反战主义的社团组织。1992 年 7 月由山边悠喜子、三岛静夫等和平运动人士及一些"中归联"成员结成的"'七三一部队展'全国实行委员会",即为其中具有较大影响力的代表。1993 年 7 月至 1994年 12 月,该委员会开设征集战时日本细菌战线索的"七三一电话热线",并于日本各地组织"七三一部队罪行展",这些活动引起报刊、图书和电视节目的广泛关注和讨论,在日本社会形成被称为"七三一部队热"的媒体现象。① 以七三一部队罪行巡展活动为契机,多位隐居于中小城市的原细菌部队成员现身发声,讲述在细菌部队中从事细菌战活动的经历,他们的证言给予参观者强烈的心理冲击。在川崎市巡展期间,原波八六〇四部队(即日军华南派遣军防疫给水部——笔者注)第一科细菌检索班班员丸山茂讲述了太平洋战争爆发后,该部队在南石头收容所以香港难民为对象散播病菌的内情。② 次年,在松本市巡展期间,原荣一六四四部队队员田中辰三揭露该部队协助七三一部队于 1940 年 10 月对宁波等地实施细菌作战的具体过程。③ 在岩手县巡展期间,原七三一部队少年队队员镰田信雄讲述了其所目睹的该部队极其残酷的人体实验,他的证言令人毛骨悚然:"为了得到正确数据,希望尽可能在'马路大'正常状态下进行解剖。通常使用氯仿等使之睡眠,也有绑住手脚后在意识清醒情况下对'马路大'的解剖。一开始发出凄惨的叫声,声音立即就停止了。取出脏器,将颜色和重量等与健康状态比较检定后

① 丹尼尔·巴伦布莱特:《人性的瘟疫——日本细菌战秘史》,林玮、邓凌妍译,北京:金城出版社,2016 年,第 70 页。
② 近藤昭二:《731 部隊員の証言シリーズ/第 6 回:8604 部隊の第 1 科細菌検索班所属丸山茂さんの証言》,《731 資料センター会報》(第 20 号),第 2 — 9 頁。
③ 近藤昭二:《731 部隊員の証言シリーズ/第 5 回学習会:栄 1644 部隊第 2 科所属田中辰三さんの証言》,《731 資料センター会報》(第 19 号),第 2—7 頁。

制成标本。"①

在媒体"七三一热"的推动下,近藤昭二等日本记者陆续采访到多位原细菌部队官兵,大量证言以影像形式保存下来。1995 年 5 月,近藤利用 NTV(日本电视台——笔者注)制作"战后五十年"特辑之际,采访了原七三一部队队员鹤田兼敏,鹤田详细谈及该部队建成初期的情况,以及参与诺门坎战役散布病菌的实战经历。② 同时,近藤与记者西里扶甬子共同采访了背荫河时代七三一部队前身"东乡部队"雇员栗原义雄,栗原讲述了这支部队早期从事人体实验的隐情以及他所观察到的石井四郎个人形象与性格特征。③ 同一时期,近藤昭二采访到原七三一部队建设班班员铃木进与总务部部员铃木糸枝夫妇,铃木夫妇揭露了七三一部队特设监狱的内部构造以及被关押者"绝无生还可能"的悲惨结局。④ 原七三一部队总务部调查课拍摄班班员德留一男在接受采访时,特别提及特设监狱不为人知的"用途":"七栋关押的是冻伤实验,以及新进完全没有传染病的'马路大',而八栋则关押被注射鼠疫菌,或携带各种病原体的'马路大',故而进入八栋很危险"。⑤ 中外学界关于七三一部队特设监狱的内部布局存在多种说法和争议,德留证言关于这方面的描述,有助于学界了解其真相。

1997 年,在近藤昭二对原七三一部队鼠疫菌检索班班员川口七郎的采访中,川口详细讲述了安达野外试验场细菌实验中被实验者的人数、对

① 鎌田信雄:《マルタは麻酔をしないまま解剖された》,731 部隊展・いわて実行委員会編:《岩手県出身元隊員が初めて語った731 部隊の真実》,岩手:731 部隊展・いわて実行委員会,1995 年,第 10 頁。

② 近藤昭二:《ビデオ学習会(第 31 回)の報告:731 部隊員の回顧録—平房三角会を取材して》,《731 資料センター会報》(第 38 号),第 14 頁。

③ 近藤昭二:《731 部隊員の証言シリーズ/第 4 回:元 731 部隊の草創期「東郷部隊」雇人栗原義雄さんの証言》,《731 資料センター会報》(第 18 号),第 2—10 頁。

④ 近藤昭二:《731 部隊員の証言シリーズ/第 9 回学習会:元 731 部隊建設班鈴木進さん、総務部鈴木イトエさんの証言》,《731 資料センター会報》(第 24 号),第 13—17 頁。

⑤ 近藤昭二:《731 部隊員の証言シリーズ/第 11 回:元 731 部隊員総務部調査課写真班徳留一男さんの証言》,《731 資料センター会報》(第 27 号),第 5,8 頁。

之采取的实验方式等。① 同年,近藤昭二、西里扶甬子、一濑敬一郎、王选等人通过采访原七三一部队航空班班员志村久平、松本正一,了解到1940年9月该部队与荣一六四四部队共同对中国浙江衢县、宁波等浙赣铁路沿线城市空投携带鼠疫菌跳蚤,将细菌武器实战化的更多内幕。② 随着"证言潮"的出现,以西野留美子为代表的"七三一研究会"出版收录各种证言的集大成之作《细菌战部队》,这部证言集出版的意义,正如其序言中所指出的,"证言在成为揭露细菌战部队实相线索的同时,具有直视过去的意义与责任。我们必须告诉战后代人、无战的这代人,若不能直视过去,就无法克服故去的错误"。③

　　然而,在90年代出现的证言中,也有对人体实验等缄口不言者。1993年12月日本记者近藤昭二、西里扶甬子采访了一些由原七三一部队底层官兵组成的"平房三角会"成员,这些成员的证言大多仅谈及在七三一部队日常生活的情况,鲜有涉及人体实验的内容。近藤认为,这或因普通士兵几乎没有接触"马路大"的机会所致。④ 然而,原七三一部队伍长、"平房三角会"会长沟渊俊美却告诉美国国家广播公司记者沙拉·詹姆斯,即使在完全了解活体实验真相的情况下,他并不为曾受雇于七三一部队而感到愧疚,他将七三一的残忍行径归结于"这是战争"。⑤

　　同样,证言中也有为细菌战部队罪行辩白者。如某原七三一部队队员在回忆录中谈及作为该部队卫生兵的本务,乃"在于防遏军阵中的传染病,

---

① 近藤昭二:《731部隊員の証言シリーズ/第2回:元731部隊員第2部5課(ペスト菌検索班)・川口七郎さんの証言》,《731資料センター会報》(第15号),第6—13頁。

② 近藤昭二:《731部隊員の証言/第24回学習会:元731部隊航空班所属志村久平さんの証言》,《731資料センター会報》(第29号),第2—6頁;西里扶甬子:《731部隊員の証言/第7回学習会:元731部隊航空班所属松本正一さんの証言》,《731資料センター会報》(第21号),第5—16頁。

③ 七三一研究会:《細菌戦部隊》,序言第15頁。

④ 近藤昭二:《731部隊員の証言シリーズ/第1回(2):元731部隊員・鶴田兼敏さんの証言》,《731資料センター会報》(第14号),第7—16頁。

⑤ 丹尼尔·巴伦布莱特:《人性的瘟疫——日本细菌战秘史》,林玮、邓凌妍译,第103页。

为火战中的部队提供无菌无毒的净水,以此增强军队的战斗力"①,彻底回避了细菌部队及其成员的性质。

20 世纪初,"证言潮"走向退潮。一些步入暮年的原细菌部队官兵终于说出久藏心中的秘密,他们的证言进一步丰富了人们对细菌部队的认知。据神谷则明回忆其父原七三一部队队员神谷实所述特设监狱七栋的内部情形,"在二楼最里面的房间里发现有七八个女子。其中中国人奶奶与母亲眼含泪花看着父亲,用片言日语和汉语说道'救救孩子'。孩子是个四五岁的小女孩。父亲好像说:'好,知道了。我会帮忙的'。然而,好像与这些人的相遇既是第一次,也是最后一次"。② 神谷的证言再次证实了七三一部队以妇女老幼等普通民众为实验对象的反人道罪行。此外,神谷的证言还谈及七三一部队在日本战败前的疯狂举动,"在部队撤退前数个月,昼夜生产跳蚤,这实在令人感到混乱不堪"③,揭露了战争末期该部队蓄谋发动大规模细菌战的隐秘计划。

2017 年 4 月,历史学者西山胜夫、原大阪府保险医协会事务局局长原文夫对七三一部队少年队队员清水英男的采访可谓"证言潮"的余波,因少年清水入队时日本即将战败,且清水主要处于该部队末端,其证言揭露的内情有限。④ 而七三一部队牺牲者遗族支援会会员鸟居靖在对原七三一部队海拉尔支部成员的采访中发现,战时七三一部队海拉尔支部成员从事各种"营利勾当","过着相当自由的部队生活",⑤反映出不同于七三一部队本部的支队生活的另一种样态。

90 年代中期以来,在"七三一热"的催生下,原细菌部队官兵的证言层出

① 寺本真:《炎上する関東軍七三一部隊:拡野の彷徨 錯誤の終末 関東軍防疫給水部》,未刊本,1993 年,第 51 頁。
② 神谷則明:《父が語った悪魔の731 部隊》,《民医連医療》第 348 号,2001 年 8 月,第 27 頁。
③ 神谷則明:《長き沈黙:父が語った悪魔の731 部隊》,京都:かもがわ出版,2017 年,第 23 頁。
④ 原文夫:《元 731 部隊少年隊員に体験を聞く　長野県上伊那郡在住・清水英男さん》,《15 年戦争と日本の医学医療研究会会誌》第 18 巻 2 号,2018 年 5 月,第 31 頁。
⑤ 鸟居靖:《731 部隊海拉爾支部元隊員の聞き取り調査》,《15 年戦争と日本の医学医療研究会会誌》第 18 巻 2 号,2018 年 5 月,第 37 頁。

不穷,在日本社会形成一股"证言潮"。证言者出席各种社会活动,宣讲其人生经历,关于七三一部队及其衍生问题的讨论频繁出现于报刊、电视之上,不仅使人们了解到更多日本侵华细菌战的内幕,也使"七三一"成为一个跨学科、跨阶层的公共话题。

小　结

从学术史的角度而言,《恶魔的饱食》系列作品中引用大量原细菌部队官兵的证言,其真实性引起了包括学界在内的广泛讨论,"证言"作为史料的意义由此也得以体现。20世纪90年代"证言潮"的出现,为日本侵华细菌战研究的深入提供了丰富的史料,兼之历史学者对战时细菌部队残留档案以及相关军医医学报告的利用,多元史料得以相互印证。日本侵华细菌战研究的成果从纪实文学向严肃的学术论著转型,日本侵华细菌战研究成为日本侵华史研究中不可缺失的研究领域。

证言作为一种口述史料,因个人认知、经历与体验上的差异,当然应辨析其真实性。对于历史学者而言,原日本细菌部队官兵的"证言",并非对历史事实的简单忆述,还包括证言者对历史事实的价值立场。在越定男的《太阳旗下血红泪》中提到原七三一部队卫生兵小林寿雄对于"证言"的认识,很好地说明了这一点:

> 第一,必须填补历史的空白。虽然述说七三一部队的事实很痛苦,但这是构筑和平的基础。尤其是必须传达给不了解战争的年轻一代。第二,填补历史的空白必须为事实,谎言和夸张不能用以填补。因此,作为各自的立场,乃是要将经历之事负责任地说出来。[1]

近代以来,在兰克史学的影响下,日本史学界重视文献史料而忽视口述

---

[1] 小林关于"证言"的定义,与越定男等人的理解基本一致,参见越定男《日の丸は紅い淚に　第七三一部隊員告白記》,第96頁。

证言的研究风尚尤其明显。① 但另一方面，日本史学界对于一些"证言"的质疑与否定，也并非出于学术考据的原因，而是来自历史学者所持的不同价值立场。例如，篠塚良雄、越定男等人的证言经常受到日本右翼史学者的责难，认为其所描述的人体实验等情节"骇人听闻"，存在很大的虚构成分。笔者不欲对其中孰是孰非展开讨论，而希望就"证言"作为史料的一些特点，谈一下体会。

　　证言者的证言，具有层累性。如前文所述，原细菌部队官兵证言的出现，至少呈现三个层次，即20世纪40年代末50年代被审判者的第一批证言、70年代中后期至80年代来自"良心者"的第二批证言、90年代"七三一热"催生的第三批证言。随着时代的变迁，证言所包含的信息量如滚雪球般积累，即使对于同一证言者而言，其证言内容也在不断被扩充、修正、完善。以篠塚良雄的证言为例，日本战败后，篠塚被东北人民解放军独立第三师俘虏并当过该部队卫生部军医，后因被揭发曾服役于七三一部队而被收押于抚顺战犯管理所，1954年在押期间他的供词表现为一个"被审判者"对"安全"事实的陈述。1957年篠塚获释回国，因"在第二次世界大战中涉嫌参与了反人道的残虐行为"曾被美国拒绝入境，篠塚内心的愤懑不难想见："本应作为战犯接受审判的部队干部却能隐瞒过去而得以安然不被追究罪责；而自己般的小喽啰却要受到处罚，对像自己般就七三一部队问题提供证词的人为什么却要采取措施？"②这一时期他的证言，竭力揭露七三一部队的残暴与非人道，以及该部队对其青春的吞噬，具有强烈的批判军国主义的意识。至90年代，篠塚开始强调抚顺在押期间中方人员善意教导促使其战争观的转变，他在证言中谈到，"在如此温暖的对待之中，从小学生时即被灌输的美化侵略战争的想法以及莫名其妙的诡论，逐一被剥离。伴随对真相的了解，

---

① 王晴佳：《口述证言能否成为历史证据？——情感史研究对近现代史学的三大挑战》，《社会科学战线》2020年第5期，第104页。

② 青木富贵子：《731——石井四郎及细菌战部队揭秘》，凌凌译，哈尔滨：哈尔滨出版社，2018年，第56页。

充满了惭愧的心情,知道自己的行为是作为人类所不能允许的罪行"。① 当时,篠塚良雄作为中方要求日本政府对战时细菌战进行国家层面赔偿诉讼活动的主要证人,多次出席日方法庭做证,成为"七三一热"中世人瞩目的活跃人物。篠塚的人生经历和证言启示我们,有必要将证言者在战时和战后的人生轨迹与其证言中的倾向性立场结合起来考察,去发掘证言层累生成的过程及对于日本侵华细菌战研究真正的学术价值。

证言也具有阶级性。尽管证言提供了丰富的历史线索,然而迄今出现的数十位提供证言者,大多位于细菌部队的底层,而细菌部队中枢高层军官的证言则基本阙如。对于细菌部队如何服务于日本侵华战略的角色问题,迄今尚难以做进一步的论证或形成定论。此外,除东京大学医学教授秋元寿惠夫在其所著《追问医学的伦理》中坦言曾参与七三一部队人体实验之外,战时服务于七三一部队的日本医学者几乎都对此类经历避之不谈,这些医学者及其背后日本医界与日本军政当局间的利益关系自然也就晦暗不明。

---

① 七三一研究会:《細菌戰部隊》,第 42 頁。

第一章　侵华日军细菌部队的人体实验及活体解剖罪行

一、名为"BGC（卡介苗）注射"的人体实验

　　——日军也会在日本学童身上进行人体实验

内海寿子（时为吉林市国民学校儿童）

【履历】1932 年出生。

　　　　1944—1945 年居住于"满洲国"吉林市。

　　　　1946 年归国。

※此证言乃由 1993 年 7 月的采访整理而成。

卡介苗注射

　　1944 年,我和父母及两位兄长（后来一人前往定山）、一个妹妹居住于"满洲国"吉林市莲花泡。我父亲在"满铁"（"南满洲铁道株式会社"）上班,我当时在阳明国民学校上学。

　　据我的记忆,这件事发生时天气很冷,应该是 1944 年 12 月到 1945 年 2 月之间的事情。当时在学校里,酒井新一老师带着我们 20 多个高等科（高等小学）同级生进行了卡介苗注射。我清楚地记得酒井老师对我说道:"你身体很虚弱,要多打点。"我们注射卡介苗的地方是一个很昏暗的小房间,有一个戴着眼镜穿着白大褂像大夫一样的人坐在里面,看上去是一个十分冷淡且令人毛骨悚然的人。我们把手举过头顶,他在我们右臂腋下进行了注射,

我当时觉得气氛十分诡异。后来是否还进行过别的注射和检查,我已经记不得了,只有对这个"卡介苗"注射记得特别清楚,连注射了结核菌素这种事也记不得了。

我后来转学到朝日国民学校,因为我是这一学区的班长,所以要组织周边的学童一起上学。虽然和我一起注射过卡介苗的同级生们所在的地区和教室都不一样了,但是当时有几个还和我在一起的同学,跟我说"××死了",至于死因则无人知晓。因为同级生死了,我惊恐地想:"我该不会也要……"我记得吉林市的北方有座"炮台山",山上有埋死人的坟包。当时营养失调的情况是很常见的,疾病也经常在人群中流行,因此儿童死亡的情况很常见。

当时那是人体实验吗?

还有一件事发生在我就读于阳明国民学校的时候,大概是 1944 年前后吧。当时学校角落里有一具缩成一团的尸体,野狗正在啃食这具尸体,我见到这一情形后非常惊恐,虽然不知道是什么原因,但是这种事就这么自然而然地发生了。

后来,我先后得上黄疸、风湿和疟疾等疾病,虽然我本就身体虚弱,但是以前也没有这么容易得病,我觉得就是注射了卡介苗以后才这样的。日本战败归国后,有一段时间我咳痰非常严重,当时不停地咳嗽好长一段时间,我担心一同被注射过卡介苗的同级生们是不是也在我不知道的情况下渐渐死去了。在我持续发病的时候,母亲前后两次跟我说过:"那种东西最开始是注射给'满洲国军'士兵的,后来又注射到了你们身上。"我当时就想,这果然是人体实验,如果真有人因注射而死的话,他们根本无从报仇,实在太可怜了。战争的牺牲者不仅仅是士兵,女性和儿童这样弱小的人反倒是死在前头。

【解说】现代医疗与七三一部队

在考虑现代医疗与七三一部队的关联性时,首先不应该忽视七三一部队的研究"成果"、研究方法及这一部队的"精神"(将人类看作物的思想及为达目的不择手段的想法)均是继承于现代医疗体系的此侧面。

1994年4月,国会提出了器官移植法案,在"生命的赠礼"这一口号下,将脑死亡者的器官进行移植的行为不断推进下去。最近四五年来,各个大学也以脑死亡者为研究对象,发表了诸多论文,如:

《对脑死亡患者进行的肝灌流》(帝京大学救命救急中心,《救急医学》,1989年)。

《脑死亡患者的心肌光学显像的每日变化》(大阪大学急救医学教室,《日本救急医学会志》,1990年)。

《长期维持生命体征脑死亡患者的临床观察(下部)——下垂体系的研究》(大阪大学特殊急救部,《外科治疗》,1992年)。

《脑死亡状态的胰脏分泌机能的研究》(大阪大学急救医学教室,《日本救急医学会志》,1993年)。

除此之外,研究人员为了确认脑死亡患者的脑部是否尚有血液流动而进行对脑血管的摄影,为确认是否有呼吸而进行的无呼吸测试,这些行为完全与治疗无关且具有强烈侵袭性。针对社会上的质疑,有人反驳道:"脑死亡即代表个体的死亡,在尸体身上做实验研究有何不可?"但是"脑死亡临时调查会"委员原秀男先生指出:"若是有人在慰问时看到脑死亡患者还戴着人工呼吸器,他们还会把丧葬费转交给家属吗?"[1]这说明社会上还是有人认为,这些研究活动是在还活着的"尸体"上施行的。

另一方面,1994年8月末至9月上旬的一周内,京都召开了以"跨物种异体移植"为主题的国际移植研讨会。会上提出,即便日本现在实现了脑死亡患者的器官移植,但是今后移植器官不足的现象还是会继续加深,为应对这一问题,可以将狒狒的肝脏和猪的心脏列为移植的候选目标。1992年6月,美国施行了来自狒狒的器官移植。此外,美英两国还通过转基因技术繁殖长着人心的猪。为了进一步减弱排异反应,最近医学界也在考虑将猪和狒狒的骨髓、淋巴球移植到人体上的计划。

――――――――――――――――――

① 即一般人不会将靠人工手段维持生命体征的脑死亡患者视为死人——编者注。

我们所熟知的脑死亡和器官移植等近在身边的日常医学领域中，人体实验正在不断发生，其结果造成16人死亡。抗病毒药剂与抗癌药（五-FU）共用是极为危险的，药品销售公司明知这一事实，却将二者同时使用，由此造成大量受害者。此外，根据1994年8月11日《朝日新闻》的报道，爱知县癌症中心妇科部长以非常规方法对自己的三名患者使用了尚在实验疗效的抗癌剂，最终导致这三名病患的死亡。这名部长供称他这么做是为了早日使治疗数据达标，故而将患者视作实验材料。

能进一步证明七三一部队还存活至今的事件，就是使用血液制品时造成的艾滋病感染。利用从美国输入的血液制造感染艾滋病毒的血液凝固因子制剂，做出这一行为的正是北野政次、内藤良一、二木秀雄等原七三一部队干部在朝鲜战争时期（1950）作为日本血液银行而创设的绿十字公司。认可绿十字公司制作的这份血液制剂的安全性的，正是原某七三一部队队员担任过所长的国立预防卫生研究所。将这份血液制剂投入生产，并压制血友病患者质疑之声的正是厚生省，而此时厚生省艾滋病研究班班长则是帝京大学教授、血友病权威专家安部英（此人为内藤良一创设的内藤医学研究振兴财团的理事）。

20世纪80年代初期至中期，绿十字公司生产的便宜的血液制剂，通过药价差额赚取巨大收益，安部等人也获得来自该公司的巨额资金援助。像这种涉及财、政、医等各领域的医疗犯罪行为，正是七三一部队圈子中人的所为。七三一部队的阴影制造了这一系列悲剧，他们牺牲弱势群体来施行医学（人体）实验，基于这种实验的"成果"，如今的绿十字公司投入了50亿日元巨款委托美国的研究机构来开发艾滋病的治疗药品。当这一药品完成时，这家公司就会获得特许经营权，届时又将获得数万亿日元的巨额利润。

（山口研一郎）

二、作为陆军医院军医

——我曾活体解剖过 14 个中国人

汤浅谦（陆军军医）

【履历】1916 年出生。

　　　　1941 年 10 月以短期现役军医的身份在旭川第二十八联队
　　　　服役。

　　　　1942 年 2 月在中国山西省潞安陆军医院任职。

　　　　1945 年 8 月在当地迎来日本战败的消息，当年年末被国民党军
　　　　队征用并与人民解放军作战。

　　　　1949 年 4 月在人民政府医院任职。

　　　　1951 年 2 月以俘虏的身份被监禁于俘虏收容所。

　　　　1952 年 12 月以战犯身份被关押于太原监狱。

　　　　1956 年 6 月免于起诉后回国。

※相关证言乃证人在新宿、涩谷举办的"七三一部队展"（1993 年 7 月），以及在东京东部（1993 年 8 月）、千叶县（1993 年 9 月）和石川县（金泽）（1993年 11 月）举办的同展上所做的《报告集》整理而成。

　　我是中国归还者联络会（中归联）会员，也是一名前战犯。

　　我之所以会在各地宣读我的证言，正是因为当年日本侵略中国的战争中许多阴谋、残暴、欺瞒之类的恐怖事实，并没有很好地传达于世人，我是绝不容许这种现象存在的。为此，我们中国归还者联络会作为当年给中国人民带来痛苦的加害者，怀着反省心情说出我们的证言，并通过出版、广播等形式尽可能大范围地传播事实真相。我本人曾经先后七次活体解剖了 14 个中国人。我现在这样讲述自己所做过的残忍之事，并将战争中日本的可耻一面展现于世人面前，无疑是非常痛苦的，但是我坚信，只有了解战争残酷的真相，才能构筑起和平的基础。

　　我生于东京下町，父亲是一位私人开业医师，我也立志成为一名医生，

并考入慈惠医大。1941 年春我大学毕业，就职于驹达医院，我的专业是内科。那年秋天，我提交了"短期现役军医（二年）"的志愿书，并加入了旭川第二十八联队，仅仅两个月后就成为军医中尉。当年 12 月 8 日，日本挑起与世界为敌的太平洋战争，形势也随之发生剧变。

第一次活体解剖

次年 2 月，我被派到中国山西省潞安县，作为当地陆军医院的军医，我主要负责传染病和病理实验室的工作。我那时颇有春风得意的感觉，不仅是我，所有的日本人都有这种感觉，毕竟 1941 年 12 月太平洋战争爆发时，人人脑子里想的都是"赢了！赢了！"对于我个人来说，我当时想的是"总算当了军官，我也算是大人物了"，怀着这样的心态，我开始诊疗工作。后来我还兼任教育和庶务主任。我所就职的陆军医院，接收了当地的中学，这所学校里除 80 名军医、护士、卫生兵之外，还收治近 100 名日军伤病员。

我最难忘的是 1942 年 3 月中旬的事情。那天院长对我说："今天有手术演习，你来一趟。"我当时心里念道："该来的还是来了啊。"我当年还是医学生的时候，就听说过成为军医来到中国大陆之后就有机会进行活体解剖。我也已经做好心理准备，既然来到中国，这种事情不管早晚都会遇上。至于为什么要做手术练习，主要是因为当时身处前线的军医中，很多人连一次临床手术经验都没有，所以陆军医院要对军医进行实地教育。

我清楚地记得，初次进行外科手术教育的那一天听到"接下来要进行活体解剖"这句话。打开解剖室的门，进入房间内首先看到的是站在左边谈笑自如的长官们。我对着和蔼谈笑的两名长官敬了个礼。军队里的训练使我们对于谁是最高级的长官，谁比自己等级高以及该如何尽快作出反应已形成条件反射。我进入其他军医的队列时，看了一下屋里所有人的情况。当时除军医和护士之外还有两个男人，其中一人身体很结实，个子也很高，有 30 岁左右，这人大概是共产党员，或是解放军战士①，他的态度非常平静。另外一人不断说着"哎呀"，他大概有四五十岁，估计是刚从周围农田里被抓

① 作者可能将八路军口误为解放军——编者注。

过来的，从他惴惴不安无法冷静下来的态度可以看出，他显然知道接下来会发生什么。

在他们旁边摆着两张手术台，房间里回响着两名护士准备手术器具时的金属碰撞声。在场的日本人包括护士在内，似乎谁都没有"这两个男人真可怜"，"把活人大卸八块是何其恐怖"这样的想法或烦恼，至少在外人看来没有任何人在认真考虑这样的问题。我也只好装作平静，心里对自己说，作为军官不能表现出丢脸的态度。话虽如此，但是心情总是难以平复，我问身边的平野中尉："这些人是不是真做了什么非死不可的事情？"他听到之后笑道："八路全该杀。"我知道自己提了没什么意义的问题，只好马上点头说道："啊，是啊。"

随后院长说："喂，开始吧。"卫生兵马上推着健壮的男子，并把他放躺在手术台上。我那时就在想，他可算是向我们日本人屈服了啊。现在想来，我这应该只是作为征服者的错觉，本来中国人就不太喜欢将感情表现出来，他当时想的一定是："你们这群日本恶魔，我的战友一定会为我报仇的！"

另一位像老百姓一样的男性则说什么也不往前走，卫生兵拿枪推着也不走。士兵一手拿着枪，另一手使出全力推他，但也没有推动走多远。他们当时就在我斜前方做这些举动，为了不让院长觉得"汤浅这人真没骨气"，也为了让他看到我强硬的一面，于是我主动站出来去推那个中国人。后来我也一直在想，我也是父母生养的人，而父母并没有教我去做这种行为，我这么做真的是太令人遗憾了。当然，我当时也可以不去做这种事，但若是不做的话，不管是院长还是同事，大家都会笑我没骨气吧，这就是日本军队啊。我当时若是有勇气说出一句"我不做"，他们就会以我作为军官却拒绝服从命令的罪名而把我送上军事法庭，这样恐怖的惩罚，使我断然不敢说出拒绝的话，更何况当时我也完全没有拒绝的想法。

等我过去推他的时候，那位男性却意外地放弃了抵抗，当时我脑子里只是想："我是穿着漂亮军服的军官，若是和这个穿着破衣服脏兮兮的家伙扭打在一起的话，可就太丢人了。"但是最后并没有发生这种情况，我很得意地想："这次算是让大家看到我的勇气了吧！"

那个中国人走到手术台旁再也不肯躺下去，这时日本红十字会护士用奇怪的中文对他说："麻药，给，不疼。"又说道："睡觉，睡觉。"那位男性终于放弃反抗并躺在手术台上。那位护士笑眯眯地看了我一眼，笑问："怎么了？"随后手术开始了。我们进行了盲肠切除手术。虽然给实验对象打了麻药，但是没有病变的盲肠很小，非常难以切下来，我记得我们切了三回之后才找到了蚯蚓大小滑溜溜的盲肠。随后我们切断了实验对象的手腕，当时鲜血一下喷涌而出，止血之后，我们用锯子切断骨头。之后又切断实验对象的脚。此外，我们还做了摘除弹头和缝合肠道的练习，大概有约十个军医参加了练习。之后我们在实验对象胸部演练了胸部贯通枪伤的情形。因为出血会导致窒息，所以我们用切开器刺入实验对象喉头，血液和空气一下从穿孔处喷出来，血是鲜红色的。我们用鸡毛擦拭气管，随后将插管插入，实验对象的喉咙里发出呼噜噜的声音，这就是切开气管的练习。

后来，手术结束了，部队的军医和护士都回去了。那位像老百姓一样的男性已经断气了，卫生兵挖开了很多窟窿，塞入各种东西。那位像八路军战士的男子还在"哈……哈……"喘着粗气，院长说用他来练习心脏内注射，我们往他的心脏里注射了空气，即便这样他还是不停地"哈……哈……"喘着气，这副惨状实在令人不忍目睹。我们往他体内注射了两三毫升全身麻醉用的麻药后，他才死去。

手术演习

第二次手术演习发生在当年秋天。我们活体解剖了宪兵队送来的两个中国人。当时做了肠道切开和缝合手术、喉头部气管切开术和睾丸摘除术等项目。在日本的医院，根本无法做这种非人道的手术练习，但是在中国，我们却打着"这全是为了在战场上有军人受伤能派上用场"的旗号，将中国人活活解剖杀害。

除此之外，我还接受院长的特别命令，在对中国人进行活体解剖之后，剥离他们的大脑皮质，并放入了 10 个 500 毫升的酒精瓶里。我听说这些标本是为了帮助日本的脏器制药公司进行研究开发而送回国内的。当时我们为了让卫生兵尽快了解解剖知识，在他们第一年接受教育时，都会活体解剖一个中国人以让他们参观学习。

1943 年 12 月时进行了军医集体教育。为了练习弹头摘出手术，我们让太原监狱的看守用手枪射杀四名中国人，然后用手术摘出他们体内的弹头。至于切开和缝合之类的手术我们做得更多。后来在 1945 年我担任潞安陆军医院庶务主任时，华北方面军对我下达了机密命令，其内容：要规划手术演习的实施计划。于是我提出每隔一个月实施一次的计划，所幸的是，当时因为部队移动而没有付诸实施。我们进行手术演习时，如果需要实验对象的话，就会打电话给宪兵队，然后卫生兵就会开卡车去押来中国人牺牲者。宪兵队一旦接受请求，医院方面就会向宪兵队提交领取证明，随后就可以准备手术演习了。就这样，我在三年六个月的时间内，先后七次活体解剖了 14 名中国人。

有关石井四郎的传闻

接下来我想谈谈有关防疫给水部的传闻。1943 年秋，那个以细菌战而知名，拗脾气的石井四郎少将担任第一军的军医部长。他经常挂在嘴边的一句话就是："军医只能升到中将军衔，这一点是非常不可理喻的。"他这个人大概是想把细菌学应用于细菌战领域，然后求得在军队里高升的机会吧。石井四郎视察其他医院的消息传到了我们耳边。比如说他会突然袭击正在敬礼的卫兵，然后对其大声呵斥："给我好好遵守军纪！我突然袭击你，你为什么不杀死我？"

后来，石井来到了潞安陆军医院视察，我记得他当时给我们演讲关于使用中国人进行冻伤实验的内容。我们当时在野外演习中，也应急演练空投附有鼠疫菌跳蚤时的措施。此外，由于我是传染病室副主任，每次师团防疫给水部向我索要时，我都会把刚从患者身上提取出来的强力伤寒菌、赤痢菌转交给他们。我当时觉得他们可能是在调查当地流行的传染病菌的菌型，也就没有多想，现在我觉得防疫给水部是在培养、繁殖这些细菌，然后在部队作战时将它们投放入河流和井水中。

此外，我在被派遣至山西省南部的独立警备队担任队内军医时，曾对七八名"从军慰安妇"进行过身体检查。当时一个大队有 800 名士兵，大队本部旁住着七八名朝鲜女性，她们都是"慰安妇"，她们若是感染了性病，将会影响到战斗力，所以要对她们好好诊疗。话虽如此，但是妇科毕竟不是我的专业，所以难以对她们进行像样的检查。除有明显的糜烂和淋巴肿胀之外，若是不进行精密的细菌学检查，根本难以发现病情，所以我只能敷衍说合格合格。然而，就我所看到的情况，军队对于避孕器材的使用要求还是很严格的。

此外我还听说一名"慰安妇"怀了大队长的孩子，她还竭力不去堕胎。这一事件关系到日本的权威，也就是说，日本人的脑子里都被植入了朝鲜民族是劣等民族的观点，所以"慰安妇"绝不能生下大队长的孩子，后来在副官的命令下，这名"慰安妇"还是堕胎了。

战　败

我在山西太原迎来了日本战败。在被"解除武装"之后，在国民党军队"日本人残留运动"的劝诱下，有2 700人左右的日本武装部队包括其家属和技术人员共3 000人，以"残留征用"名义留在中国。我也是其中一员。在其后的三年半里，我担任了日本人部队和工兵队的军医，也从事参与作战和设立诊疗所等工作。因为我参加了国民党对抗人民解放军的战争，就结果而言或多或少都影响到中国人民的解放进程，所以我也要深刻反省自己的行为。

1949年5月，我在人民政府的医院里工作，从次年2月开始，我在河北省永年的解放军俘虏收容所进行劳动和政治学习，我每日都在反省自己的战争罪行。从1951年12月开始，我以战犯的身份被收押于太原的监狱，基于对我罪行的调查，我对自己进行了彻底的反省。那时我罹患肺结核，经常咳血，所幸监狱方面为我注射了抗生素，我最终得以痊愈。

那时发生了一件事使我的思想发生了重大转变。那天检察官给我看了一封信，那是被我所杀害之人的母亲所写的信：

> 汤浅啊，我是×××的母亲。那一天我的儿子被带走了，所以我就一直在宪兵队的门前等着他回来。那时门突然打开了，然后有卡车从

宪兵队里开了出来，我看到卡车上你押着我的儿子，我在卡车后面一直追赶，但是最终还是没有追上。第二天，我朋友和我说你儿子被押到了陆军医院，被活生生的大卸八块，我一直哭泣，但是我的儿子却回不来了。请政府给汤浅最严厉的惩罚吧！

就是这封信，让我知道了自己当年做了多么残忍的事情。后来中国政府宽大地免于对我提起诉讼，我随后于 1956 年 7 月归国，此时我已 14 年未踏上故土了。

忘却与反省

随着我逐渐恢复健康，我于 1957 年开始在慈惠医大任职。从 1958 年 3 月迄今，我都在东京担任内科医生。

我之所以开始通过说出自己的战争罪行来控诉日本军国主义的罪行，是因为我绝对无法容忍日本现在把这些残忍无比的战争犯罪当作"这是为国家做出的行动"，从而轻易地就宽恕了这种行为。更令我震惊的是，那些在战争中做出残忍行为的日本军人竟然丝毫没有负罪感。即便他们作为战犯被扣押，心里想的也不过是"我真倒霉"，或者用"大家都这么做"之类的借口来归罪于众人，以图让自己显得不那么有罪。战犯们的反省情形实在过于惨淡。一般来说，杀人之人是不会忘掉杀人这一事实的，但是参加侵略战争的人们却忘了自己杀害别人的事实，他们不仅完全没意识到自己的犯罪行为，反倒还完全忘记了自己的罪行。

但是，一旦把侵华战争摆在"侵略战争"这一基础上，然后好好想想被害者所遭受的苦难，恐怕没有人还会说什么"这是正义的战争""不得已的战争"之类的假话。我一开始反省的时候也觉得这是不得已而为之，但是之后听到各种可怕事实，我慢慢地敞开心扉，开始坦白自己的罪行。但是在此之前，我也经历了在俘虏收容所和战犯管理所里劳动、学习，做自我批判之类的自省历程，这先后经历五年半的时间。

我内心发誓，今后也会好好保持自己的健康，以便有生之年继续诉说我在侵略战争中作为加害者的经历。

【解说】军医和活体解剖

使用人体来进行实验，这种行为不仅仅存在于细菌战部队之中，陆军医院和前线、驻屯地的军医也会从宪兵队等处接收"俘虏"，在这些俘虏身上进行手术和解剖练习，实验与虐杀之间存在着很深的联系。战后，中国方面尝试从日军俘虏的供述和中国受害者的告发等方面来搞清楚日军活体解剖所造成的实际损害。包含无法判明的事件在内，关于活体解剖、被日军杀害之人的解剖以及与人体实验相关的事件总共有 114 例，被害者达到了 214 名（内有 22 人无法确认是否被杀害）。

这种由军医施行的暴行，多发生于黑龙江、吉林、辽宁、河北、河南、山东、山西、湖北、安徽、内蒙古等省份。但是不难推测，同样的暴行在太平洋战争爆发之后也在亚洲各地发生，因为缅甸的日本军医在其著述中也提到过活体解剖的事实。石田新作在其著作《恶魔的日本军医》（山手书房）中有关活体解剖受害者的部分提及："昨天，或者说是直到今天，这几个男子作为重庆政府的间谍一直把我们的情报发送给敌军。驻屯于森迈司令部的宪兵抓获了这批人，然后宣布要将其枪毙，在宣布将其枪毙之后，宪兵队应该会将敌人间谍的'尸体'送到我们野战医院这里来。"

文中虽然说是"尸体"，但是间谍们当时还活着，他们在未被注射麻药的情况下被活体解剖了。最开始是摘除睾丸，之后是"剥头皮，切割头盖骨，检查白色脑浆，之后切断两手、两足、头和身体"。他当时目击了这次活体解剖，在著作中他写道："人体实验这件事性质重大，不管是从国际公约出发也好，还是从人道的良知出发也好，没有任何力量可以对其加以阻止。"

中国方面的许多证言，都被收录于《活体解剖》（同文馆）一书中。比如说 1936 年，哈尔滨的陆军医院中，日军为进行医学研究和新兵教育而将一名中国男性活体解剖。这些以实习目的而被解剖的人，名义上是用作对人体构造的研究。在 1940 年，驻扎于伪满滨江省巴彦县的独立守备队在将三名中国人斩首之后，把两具没有头的尸体绑在木桩上以供新兵进行刺杀训练。另一具尸体则被切开，日军对尸体的胸部、腹部、睾丸和阴茎进行了解剖并加以解说。

"满洲医科大学"与七三一部队之间有着密切联系,在该学校里也频繁地进行着人体解剖活动。比如说仅在 1942 年秋至次年春天的数月间,此地至少进行过五次活体解剖,受害者达到 25 人。受害者中不仅有中国人,还有朝鲜人、德国人和俄罗斯人。当时在这所大学的解剖室内担任实验技手的中国人张丕卿战后关于对活体解剖的情形有如下的回忆(《活体解剖》):

> 日本人在进行解剖之后往往不打扫现场就回去了,所以打扫现场的任务都是等到第二天出勤后由我和刘学棋、西村××等人来进行。那时映入我眼帘的是这幅场景:被害人的头部被锯开了,他的大脑被摘了出来,背部中央也被锯开了深深的沟,脊髓被取了出来,胸腔和腹腔都被切开,心脏、肝脏、脾脏、肺、肾脏和肠子全都作为研究材料被切除了一部分,连两只眼睛都被挖了出来,全身简直体无完肤,尸体上、解剖台上、地板上到处都是血淋淋的痕迹,受害者皮肤的颜色和软硬度跟活着的人并没有区别⋯⋯

> 可见,日军解剖的并不是一具尸体,而是活生生的人。

从军医们的诉述来看,很多受害者都被用作了盲肠手术的练习道具。

1943 年,驻扎于湖北宜昌的第二三三联队第一大队本部内,日军对一名抗日游击队员进行了活体解剖:

> 山川军医对实验对象进行了动脉注射,然后用手术刀在其腹部切开十厘米左右开口,一边取出实验对象的盲肠一边说:"盲肠手术要这样做。"然后他又用手术刀切开了实验对象的喉咙并说道:"呼吸困难时就要做这种手术。"与此同时,他将橡胶管插入这位因痛苦而低声嘶吼的爱国者的喉咙里。大队长命令河村州善男上等兵用刺刀插入这位战士的心脏,将其残杀了⋯⋯

据《活体解剖》中所记载的军医证言,曾经进行过活体解剖和人体实验的陆军医院有以下几个:掖河陆军医院、哈尔滨陆军医院、密山陆军医院、虎林陆军医院、富锦陆军医院、"新京"第二陆军医院、承德陆军医院、天津陆军医院、保定陆军医院、济南陆军医院、兖州陆军医院、原平镇陆军医院、大同陆军医院、潞安陆军医院、临汾陆军医院及第一、第二军所属的兵站医院等。从特征来看，都是以对新兵进行教育为由来开展人体解剖的演习、教育。

换言之，日军进行活体解剖的目的，并不仅是研究开发细菌武器，也是为了进行人体医学方面的演习。

（西野留美子）

三、我在海南岛所见的人体解剖

——我听到"aigo、aigo"的惨叫声……

渡边初（同仁会护士）

【履历】1919 年出生。

　　　　1940 年在新乡、开封同仁会诊疗所担任护士。

　　　　1942 年在海南岛的同仁会诊疗所任职。

　　　　1943 年在当地退职并回国。

※此证言乃由 1993 年 10 月的采访整理而成。

我年轻的时候在名古屋医学大学附属的护士培训所里学习皮肤科、泌尿科的护理知识。这是一所招收并培养护士的学校，同时也是一所女子学校。同仁会的护士在此处进行两到三年的培训，毕业之后被送往各地执行勤务。

1940 年年中前后，刚毕业的我被派往中国。我们坐船至釜山，然后乘火车前往大连，再从大连前往北京，在北京坐京汉线前往新乡、开封。被派往新乡和开封的那批人大多是名古屋医大毕业的，还有一些人是从冈山医大和金泽医大过来的。当时有十四五人与我同行。

同仁会当时开设有诊疗所和防疫所。诊疗所也接受对中国人的诊疗工作。防疫所主要是执行对霍乱和伤寒的防疫任务，也有过深入中国内地开展消毒工作的情况。我当时在诊疗所担任皮肤科和泌尿科护士。诊疗所也设有内科，各科室有医生和护士各一人。我所在科室有金泽医大的本田先生、桥爪先生和竹内护士长。

新乡的诊疗所里也有药房和事务科人员，大概有 20 余人，有时也会参与外科和眼科工作。开封诊疗所据说开设于我们去的那年之前。开封诊疗所曾撤离过一次，当时的人员都轮换至外地，只留下医生和护士长。每当有地雷触发造成伤亡的紧急情况时，我们就需要赶赴现场附近并开展治疗工作。

我们当时并没有充足的人手去中国村庄进行防疫注射工作。新乡附近的村庄经常会暴发霍乱和伤寒疫情，所以我们就把经过诊疗所门口的中国人都抓起来，给他们强制注射伤寒和霍乱疫苗。虽然这一行为是强制性的，但是我们也找了两个翻译向百姓宣传预防注射的必要性。我们曾经给伪装成商人或民间人士的日本特务进行过治疗。新乡当时属于华北方面军的管辖范围，所以我经常去开封和北京等地临时出差。

海南岛

后来我回国结婚。我丈夫于 1941 年成为博爱会的医生，之后又担任同仁会的医生。1942 年我们夫妻俩从东京前往上海，又从上海前往海南岛。那时我们乘坐的船上出现霍乱患者，我对乘客进行了检疫。我用玻璃检验棒插入受检者的肛门，然后对上面附着的粪便进行检查。当时船上霍乱患者的最终人数为两名。这两人后来都病死了，我们为他们举行了海葬。

我们到达海南岛之后在一个叫"八所"的地方任职。此处有日军企业经营管理的铁矿山，大量的中国苦力在当地进行矿石挖掘工作。我在当地从事一个月左右的治疗工作。当时每天都有中国苦力因病或事故去世，伤病的苦力衰弱到了极点，他们的伤口中不断有蛆虫涌出，最后就这样悲惨地死去。

没过多久，我们就集结到了海口，此后，我们主要在当地从事医疗工作。我丈夫担任医生，我担任护士，一直在一起。

到海口之后，我们坐上海军的卡车，驾驶员既要开车，同时也要担任我们的护卫。我们沿着一条没有道路的河川前进，之后在树林中宿营，当时有巨大的水蛭从我们头上掉下来，真的非常恐怖。后来我们来到位于定安的海军驻屯地，当时在驻地中也能看到民间人士，整个城镇大概约有 500 个日本人吧。我们要去的是当地的同仁会诊疗所，算上我在内，所内的工作人员有五六人。

海军的医疗设施（规模比医院稍微小一点）里也关押有被日军俘虏的中国"土匪"，这些人都是抵抗日军统治的中国人或朝鲜人。在我赴任之后约半年，有一天海军有道命令传达到诊疗所，他们让我们马上过去。我们后来被带到一个类似大学教室的阶梯讲堂，这是一个中央设有讲台的大房间。讲台上摆着门板一样的东西，上面躺着两名三四十岁的男性"土匪"，他们被摆成"大"字，手脚都被层层绑了起来。在房间的阶梯课桌旁坐着大概100人，基本都是军人。我们当时也坐在席位上，目击了接下来发生的活体解剖。

房间内飘着甲酚的气味。我记得当时海军军医说，一开始注射的是甲酚，现在注射的是氯化汞。因为房间里人很多，所以我也没有特意跑到前头去确认，被注射甲酚和氯化汞的那个人，最终在痛苦中死去了。

活体解剖

最令我记忆犹新的便是活体解剖，两名"土匪"中的一人，就那么活生生地被解剖了。我当时听他发出了"aigo、aigo"的惨叫声，我想他大概是朝鲜人吧。执刀的军医和那名朝鲜人的岁数差不多，都是三四十岁。军医在不注射麻药的情况下，用手术刀切开了被捆绑在门板上的"土匪"的身体，然后从他体内取出胃和其他内脏。我仍然记得被捆绑的朝鲜人不停地抽搐着，他发出了巨大的"aigo、aigo"的惨叫声，他当时只活了约30分钟。我不知道日军做这种活体解剖是出于什么目的，听说在我以前任职的地方也发生过这种惨剧。

回　国

此后，我丈夫离开了定安并前往越南，我于1943年在海南岛退职回国。等我丈夫回国的时候，已经是1946年5月了。此后我们两人在大分县别府开了一家诊所，也曾担任过三菱矿坑诊疗所的医师，那时我作为护士协助丈夫。

到了1954年，我们去仙台的国立医院任职，我丈夫主治癫病。我们夫妻俩在战时和战后都一直从事医疗业,那个在海南岛活体解剖俘虏的海军军医,战后成为仙台某家大医院的院长。即便是万事都要服从命令的那个年代,打着医疗的旗号杀人都是绝对不正确的事情。

【解说】同仁会

甲午战争前后,日本兴起一种思潮,即由日本对周边各国进行医学启蒙,这是作为"优等国家"日本"理所当然的任务"。1901 年,以近卫笃麿为中心,北里柴三郎等医界人士创立东亚同文医会。与此同时,同文医会得到亚细亚医会的协助,于 1902 年成立同仁会。

同仁会的目的在于"对清、韩及其他亚洲国家普及医学及相关技术,同时保护彼我双方人民的健康,悬壶济世"。为达到这一目的,他们在亚洲各地设立医学院和医院,并把日本的护士和药剂师等派到中国等地,这些人负责调查当地的医疗卫生及药品情况,同时设置各种医疗机关。同仁会的首任会长是长冈护美,此后的会长为大隈重信、内田康哉和林权助等。1939年,近卫文麿担任最后一任会长[1945 年日本投降之后,GHQ(盟军总司令部)下令将该组织解散]。

关于同仁会的资金问题,一开始通过会费和捐款的形式来解决。一战结束后,同仁会开始接受国库补贴,昭和年间该会享受政府机关级别的待遇,由国家财政支持其运营。

随着"南满洲铁道株式会社"的成立(1906 年),同仁会的事业重点转移到中国。早在 1913 年,同仁会就在北京开设诊疗班,之后的 1922 年、1924年和 1925 年,分别在汉口、青岛和济南开设诊疗班和诊疗所。

1937 年 7 月中日全面战争爆发之后,同仁会抱着"一视同仁"的精神,主动走到前台协助日本陆军的宣抚班。同仁会职员在成为日军的"嘱托"(即"特派人员")之后,即隶属于日军指挥。同仁会在华北、华中、蒙疆和海南岛等地都设立支部,他们以北京、南京、上海和海南岛为据点,对日军占领区内的中国人实施医疗"宣抚"。有时也将职员配属于日军的特务机关和军医部,根据"特宣命第○○号"命令,同仁会职员在作业方面接受日军特务机关的指挥,其医学业务方面则接受军医部长的指挥。

1938 年,同仁会在外务省的请求之下,以各大学医学部和各医科大学的人员为中心编制新的救护班。同年,外务省与陆军省协商之后,向同仁会指示《对华防疫事业方针》。

东京帝国大学附属传染病研究所("传研")的所长接受制定中国沦陷区防疫事业方案的任务,"传研"的所长,同时也是同仁会副会长的宫川米次表示:"有关防疫的调查研究、药品的制造供给、防疫工作的执行和教育"等工作都由同仁会来执行。此外,宫川作为"传研"所长,将北野政次(七三一部队第二任指挥官)等"弟子"送往七三一部队和荣一六四四部队等细菌战部队,以此将东大医学部变成细菌战部队的人才供给中心;另一方面,同仁会在日本全国各大学医学部及医学界以推进"侵略医学"为目的的人才心中,也处于支点的位置。

随着同仁会不断强化战时体制,其不仅从事一直以来的诊疗事业,也开始涉足防疫事业。1939 年之后,首先成立四个同仁会支部,同时在中国各地设立防疫处、卫生研究所、诊疗防疫班等机构。

1939 年时同仁会内具有职位的人员构成:会长近卫文麿,副会长宫川米次,理事(13 人)小泉亲彦(军医学校本部医监,后担任陆军省医务局长)等人,评议员(67 人)户山正三(京都大学医学部第一期南极特别委员,金泽大学校长)、田宫猛雄(东大医学部传研所长、日本医师会会长、国立癌症中心主任)、小林六造(庆应义塾大学医学部、军医学校特派人员、国立预防卫生研究所所长)和三木良英(后任陆军省医务局长)等人。

同仁会与七三一部队以及军队特务部有着密切的人脉关系,并在这些组织背后协助其进行细菌战和谋略战。华北防疫处(其前身为华北防疫班和华北中央防疫处)即由同仁会派出的东大"传研"石井信太郎副教授等人在北京市天坛开设。天坛正是华北派遣军防疫给水部(甲一八五五部队)的本部所在地,华北防疫处在七三一部队和甲一八五五部队执行霍乱、伤寒作战时负责防疫任务。

此外,华中(南京防疫处)和上海(中央防疫处)的同仁会机构也在日军特务部和兴亚院的指挥下制作"浙赣作战"《兵要卫生地志》,同仁会担负此次作战的防疫任务,这说明其也从侧面协助细菌战。浙赣作战(从 1942 年 5 月开始)之前的一段时间里,为了执行杭州市内的鼠疫防疫任务,日本人及日军方面已开始禁止从宁波方面搬运物资、厉行捕鼠以及预防接种(1939 年 11 月 12 日)等防疫任务。

此外,同仁会还在 1939 年 5 月于开封河道街开设诊疗防疫班,1938 年 6 月在新乡姜庄街开设诊疗防疫班。

1938 年 2 月,日本海军第五舰队占领海南岛的部分区域,当时岛上还有"国民革命军第一五二师"一部和中国共产党领导的独立大队等抗日武装约 1.5 万人。渡边初女士任职的海南岛海口市,位于面朝雷州半岛的位置,定安则是位于南渡江上游的城市,此地驻有日本海军第四根据地部队(司令官为太田泰治)。

(糟川良谷、越田稜)

四、进行人体解剖
——将意识清醒的"马路大"的手脚绑在解剖台上……

镰田信雄(七三一部队少年队队员)

【履历】1923 年出生。

1938 年加入七三一部队。

1940 年在"新京"的防疫行动中感染鼠疫。

1943 年为了治病疗养回国。

※本证言乃经 1994 年 6 月、1995 年 10 月的两次采访后整理而成。

1938 年 3 月,15 岁的我在盛冈听说了征召少年航空兵的消息。我从父亲的衣柜中偷了钱,前往县集会厅,在那里见到了作为体检官的增田大尉和降旗军医中尉,他们对我说:"由我来照顾你,你到我这里来。"于是,那一年 6 月我前往东京陆军军医学校。

我在陆军军医学校接受了严格的考试,50 人中只留下了六七人。石井四郎应该是从欧洲考察旅行回来之后在军医学校建立了防疫研究室,当时还是中佐的石井,是军医学校的教官。

我作为军属被配属到关东军防疫给水部,10月末前后从新潟港乘船,经由罗津(北朝鲜)前往哈尔滨。现在还保留着那时所做的名片,上面的住所是"满洲国滨江省哈尔滨市吉林街5号"。到达哈尔滨后,我被带往当时尚为大佐的松井石根机关长所在特务机关的建筑物处。

我们被称为"梦幻的少年队一期生",所谓"梦幻",乃因我们是在正式征招的少年队一期至四期队员之前被征召的队员。我的同期生有23—28人。当时平房本部的建筑工程还未完成。我们在哈尔滨郊外南栋旁边的砖瓦建筑中,学习石井式滤水机的使用方法。那时的待遇很好,可以吃到我在贫穷的乡下见都未见过的美食。

在平房本部,每天只能睡三个小时左右,其他时间都在学习。从早上8点至下午2点学习基础教育(包括一般教养、外国语、卫生学等)。此后,被分到几个班去各研究班帮忙。我们是在大讲堂下面的房间内接受教育的,此外本部还有配属六名专业馆员的图书馆,那里收藏有许多外国的书籍。没有像电影《黑太阳七三一》(以七三一部队为主题制作的,由中国大陆和中国香港联合拍摄)中演的那种班长欺负少年队员,少年队员敢于反抗的情况。不管怎样,研究是第一位的,无论从哪个方面来说都很和谐,少年队被看得很重要。

1939年7月,我学习期满后被配属到高桥班(鼠疫研究),之后就很少能和被配属到各班的同期队员见面了。配属到高桥班以后,我又接受了细菌培养、培养皿和试管的清洗方法、对实验用动物的饲养管理、灭菌机的操作方法、干燥灭菌机的使用方法等方面的教学,后来被安排协助琼脂培养基的制造、培养活菌、活菌的附着/分离及检镜检查、真菌培养等工作。

在部队的时候,我见到过几次石井四郎,他对我很亲切。有一次发生了这样一件事:石井四郎上厕所的时候,我正好拿着纸进去,厕所里传出了石井的声音:"给我好好学习!"有一次我把帽子叫做"chapeau"(即法语"帽子"),石井四郎对我怒喝道:"帽子就是帽子!"还有一次我和少年队的同伴散步时，石井迎面走来说道："这里花掉了全日本东北地区一年的税金。知道是多么重要的工作吧，给我好好学习。"现在想起来，我们因为是作为战争道具和消耗品才被重视的。

毒气实验

在哈尔滨市的郊外，有几个毒气实验场。安达实验场的旁边有一个背山的实验场，我见到在那里实施过人体实验。我去过安达实验场两次，在那里每隔几天就会进行一次人体实验。

有时会进行毒气的人体实验。他们把二三十个"马路大"双手绑在木柱上，然后打开毒气阀门。那一天，有一大批关东军的大人物前来视察，竹田宫也来了。一周以前，气象班就做了风向与天气调查，实验当天的天气应该是没有问题的，但此后风向发生改变，毒气吹向来视察者所在的方向，这群人慌忙四散奔逃，实验也就被迫终止。

日军在安达实验场还进行将鼠疫菌和霍乱菌从飞机上撒下来的"雨下实验"，即航空班和处理细菌的人员乘坐飞机从空中撒下细菌。此后，需要在播撒细菌的地方进行调查，以检验实验效果。鼠疫菌的使用，要以跳蚤作为媒介。有时也会使用陶器炸弹来散布鼠疫菌。每只感染鼠疫的老鼠有600克左右，大概可以满足3 000—6 000只跳蚤的寄生。在老鼠坠落到地上摔死之后，跳蚤们就会从老鼠的尸体上四散逃离。

在"新京"进行防疫工作的时候，我曾作为石井四郎的代理人，乘坐着配有司机，挂着部队长旗帜的汽车去护送石井的皮包。我记得卫兵会向还是少年的我致以最高级别的敬礼。那时我受到了"新京国立卫生技术厂"浅野先生的照顾。我想皮包里装的应该是实验记录。另外，我还将装有16毫米胶卷的小罐送到"新京"的宫内府，应该是要送到本土的御前会议上，至于胶卷里都拍了些什么，就不大清楚了。在"新京"的时候，为了和卫生兵一起检查梅毒，我们会给"慰安妇"做性病检查。我们把这种检查叫作"防疫检查"。上级会指示我们去某号慰安所。去了之后，会让"慰安妇"趴着，把腰抬起来接受检查。多的时候，一天要检查180人左右。"慰安妇"中也有一些日本人，但绝大多数是朝鲜人和中国人。

感染梅毒的女人的性器官会发肿，有时会有脓水飞溅到脸上。我们会给感染梅毒的女人抽血，将血样带回部队。

人体标本

我曾见过浸泡在福尔马林液中的人体标本。有全身的标本，也有仅手足的标本，还有婴儿和幼童的标本，其他内脏等标本，更是数量众多。这些标本都摆放在陈列室里。第一次进入陈列室就让我感到恶心，连续几天没有食欲，但是很快就习惯了。全身标本会写有"马路大"的国籍、性别、年龄、死亡日期，但是没有写名字。被做成标本的有中国人、俄国人、朝鲜人，也有英国人、美国人，他们是在此被解剖，还是从其他地方送来的，就不得而知了。

七三一部队里也有小孩。我好几次在屋顶上看到在后院有戴着脚镣的"马路大"在活动。大概是 1939 年春天的时候，我看见了三对"马路大"母子。一对是抱着婴儿的中国女人，另一对是白俄女人和她四五岁的女儿，最后一对也是白俄女人，带着一个六七岁的男孩。

部队里有一个在欧洲学习过玻璃制造工艺的人负责制作吸液管、培养皿以及装福尔马林液的标本玻璃瓶（玻璃器具）等，那个人曾给我做过一个玻璃小鸟摆件。

活体解剖

我曾以参观学习的方式，见过一次活体解剖，我当时帮忙搬运盛放有解剖所取出的器官的血淋淋的水桶。在那之后，我也曾有过一次执刀解剖的经历。我当时用手术刀直接把"马路大"从喉部到胸腔的区域划开。因为这份工作十分简单，谁都能做得到，所以他们才让我来干，开胸之后再由专门的解剖人员用极细的手术刀进行解剖。

为了获取正确的信息，研究人员希望"马路大"尽可能在正常状态下被解剖。通常会用氯仿等麻醉剂让其睡着后再进行解剖，但当时没有进行麻醉而是直接将其手足绑在解剖台上，在"马路大"意识清醒的情况下将其解剖。最开始会听见极为凄惨的叫声，之后马上就没有声音了。研究人员取出他的器官,观察颜色、重量等,并与健康脏器进行比较,完成相关工作之后再将器官制成标本。

其他班会对植入霍乱菌和鼠疫菌的西瓜和小麦种子进行栽培,研究毒性会残留多长时间。听说这种研究,是为了将具有毒性的种子播撒到敌方土地之上。

部队内部人员也会进行更替,全国的医生都会来到这里,一边从事自己的研究,一边指导部队的研究。某位曾担任过岩手医科大学校长的医生,也曾在此进行过细菌学研究,他在日本是从事鼠疫、霍乱、赤痢等研究的首屈一指的人物。教我解剖学的石川太刀雄丸先生,在战后成为金泽大学医学部的主任教授。

特攻队

只携带单程燃料进行自杀式攻击的特攻队员,在出击之前会喝下天皇"恩赐"的酒。我从某位七三一部队队员那里听说:"那些酒里放入的兴奋剂,是由七三一部队开发的。"事后想想,恐怕是因为兴奋剂的药效让队员们克服恐惧心并使他们感到兴奋,这样他们才能做到自杀攻击吧。这种药可能由七三一部队生产,但是我并不了解实际情况。

鼠疫流行

1940 年夏天,农安县("新京"以北)发生鼠疫病情,不久"新京"也爆发大规模鼠疫。七三一部队队员石桥(已故)与我是同期队员。他说"新京"的鼠疫大流行也是七三一部队的诡计。这个事情我不太了解。当年 4 月,柄泽十三夫军医大尉来到平房。他个子很高,听说是以东京医专第一名的成绩毕业的。"新京"鼠疫流行的时候,我们出动开展防疫工作。我们用高 3 尺(约 1 米)的铁皮墙将"新京"的"入船町"围了起来,然后放火将整条街道焚烧殆尽。这样做是为了防止鼠疫继续蔓延。此后,对住在这条街道上的日本人和中国人进行诊疗。因为他们的房屋已被焚烧,所以也对他们进行相应补偿。

当时发生了一件事情。据队长的命令,我们将已经被埋葬的感染鼠疫死者的尸体挖了出来,将他们肺和肝脏等器官取出后制成标本带回本部。

我们各车辆部队载来的使役者进行挖掘,用手术刀给尸体开胸,将肺、肝脏、肾脏取出,然后将器官组织涂抹在培养皿的培养基上。对于明确为感染鼠疫死者的尸体,需要将其脏器全部拿走。把别人的坟墓挖开,这对我来说是最感厌恶的事情。在这里提取到培养皿中的鼠疫菌,要送到"新京"的国立卫生技术厂进行培养,之后再送交予石井四郎。

实际上,此时我已被鼠疫菌感染,发高烧病倒了。病倒之后,我被移送到哈尔滨,然后在陆军医院里注射了疫苗。在陆军医院里,我住的是与其他人相隔离的小屋,除了参与治疗的七三一部队医生,谁也不能进入。

在病情好转时,上级又以"结核病疗养"的名义将我送到旅顺。1943年我又被转移至广岛江波医院,此后,又被转移至盛冈地区江波分院观武原卫生医院(盛冈陆军医院)疗养,最终在此康复出院。

归国后

回到日本后,部队每个月送我36日元疗养费。当时,校长的月薪是每月28日元左右,我的疗养费可以说是相当高了。利用这笔钱,可以使家人过得好一些,但是这笔钱归根结底只不过是封口费罢了。因为那个时候,宪兵每天都会在我的周围巡逻,监视我的一举一动。不论在广岛,还是在盛冈的医院,都只有院长知道我真实得的是什么病,其他的医生和护士都不知情。所以,当院长跟我说:"最好还是不要回平房去了。"

大概一年以后,我接受了征兵检查,结果为甲种合格。让我合格的是当时的联队区司令官村上与市,他也是最后一任首都防卫司令官。联队区司令部下属的一个征募官,那个人一边抽我耳光,一边问我:"快说,在哪?做了什么?"村上司令官说:"什么也不用说了。去海军工作吧。"

我在离横须贺不远的武山地区海军部队服役,在那里接受新兵教育。因为鼠疫还未完全治愈,所以在进行刺杀练习的时候吐血了,先是住进横须贺海军医院,然后又转入霞浦航空队医院。此后,又到高崎日赤医院,一边疗养,一边从事教育护士环境卫生方面的工作,最终迎来战争结束。

我经常会想,把人类当作消耗品的做法,真是太愚蠢了。但是,当时的我,处于忘我状态。那是一个听到"天皇"的"天"字时,不起身立正就会遭到殴打的时代。在日军当中,对长官的命令要绝对服从。在战后我还是第一次如此坦诚地讲出心里话。在我的记忆中,也有可能存在错误的信息,希望各位能够理解。

【解说】石川太刀雄丸其人

在七三一部队中居指导地位的大多是以石井四郎为首的毕业于京都大学的军医,另一个部队长官北野政次则是毕业于东京大学,这或许导致两大派系明里暗里进行斗争。京都大学毕业的有冻伤研究班的吉村寿人、伤寒研究班的田部井和、病理研究班的冈本耕造等人,石川太刀雄丸也是其中一员。

1931 年 3 月石川从京都大学医学部毕业,次年 9 月 30 日成为京都大学病理学教室助手。1938 年 3 月 10 日被任命为陆军技师,开始在七三一部队从事有关流行性出血热和"满洲"森林壁虱脑炎发病原因及其病理解释方面的研究。在七三一部队工作时,他作为第一部病理研究班班长指挥实验开展研究。

战后,美国医学专家希尔博士和比克塔博士的调查报告书证明:"根据冈本耕造博士的陈述,金泽大学的病理数据是 1943 年石川太刀雄丸博士(略称为'丸')从哈尔滨带回来的。这大概是从 500 个人体标本中所获得的数据。"可以明确的是,石川的流行性出血热研究成果正是来自七三一部队人体实验所得出的数据。报告中也指出,石川利用爆发流行性出血热的孙吴地区的感染者来开展相关研究。

在孙吴有七三一部队的支部。1942 年 11 月上旬,孙吴爆发流行性出血热,11 月 6 日石川在此地进行实验,12 月 14 日石川向北野提交病理报告。这一阶段研究的成功,明确了流行性出血热的感染路径。1943 年石川成为金泽大学医学部教授,这是因为他对于流行性出血热的研究,获得了认可。

北野政次在《防疫秘话》中有这样的记述:

　　流行性出血热,一年分两次在盛夏和秋季流行。1942 年 11 月初,在孙吴开始爆发的时候,我们到当地进行实验。通过对感染路径的医学判断，我认为应当重视寄居在老鼠身上的壁虱。于是，朝比奈技师收集了寄居于老鼠身上的一种青虱，金泽博士于 11 月 6 日对其进行实验，此后，笠原博士继续这一实验。同年 12 月 14 日，我从石川博士处收到病理学考察报告，知道实验成功了。此后，由于笠原博士的辛勤努力，第二年我们确定此病病原体是病毒。石川博士转职至金泽大学以后，有关病理学的研究由所博士继续完成。

1973 年由金泽地方医疗研究会发行的机关报《醉船》，登载了对石川的采访。其中有他关于在七三一部队内制造细菌的陈述："只是听到了一些坊间传闻，尚不知道真伪。如果是事实的话，恐怕是第一部以外的第二部、第三部的军人所做的。"在被问及有无进行过解剖行为时，他回答道："当时是在陆军医院做的"，猴子的解剖工作是由"笠原小组做的"，"（我）去了孙吴，非常抱歉，我们是等实验对象死了以后再进行解剖"。关于和他一起进行过流行性出血热研究的"浅沼"，他言之凿凿地说"不知道"。（有关这一采访的《第一次、第二次采访讨论录》，登载于 1993 年 11 月在金泽举办的"七三一部队展"《报告集》中，想了解详细情况的读者请参阅《七三一部队展的轨迹——石川"七三一部队展"报告集》）

七三一部队中以活体解剖推进自身研究的医学人员，在战后过着怎样的生活？这一问题引起我们的关心。石川本人又走过了怎样的人生轨迹？且看《金泽大学医学部百年史（第二集）》中《第二病理学教室史》中对历代主任教授的介绍：

在 1949 年第 3 回血液讨论会（奈良）上进行了以"化学的感受体系统"为主题的特别讲演会。一直以来，将"润管部"当作主角的石川教授创造了新的学说体系。石川教授进一步从事组织化学的研究，奠定了细胞化学的实验基础，最终，石川教授与名古屋大学的胜沼精藏教授一同于 1949 年创立日本细胞化学会，1954 年 8 月 24 日作为日本代表，出席在荷兰举行的国际细胞化学学会，1956 年 7 月，在日本病理学总会（札幌）上做题为"分化的形态和运作——润管部的特性如何形成"的课题报告。1957 年 4 月 21 日石川教授前往美国的各研究室进行考察研究，同年 8 月 24 日回国。1962 年 11 月被推选为第六届日本学术会议第七部会员。1967 年 6 月至 1968 年 3 月，兼任医学部附属神经情报研究设施主任，1968 年 4 月至 1971 年 3 月作为冈本前所长的继任者，兼任金泽大学癌症研究所所长。

真是华丽的战后足迹。介绍的最后，写着这样一段话：

> 石川教授在迄今为止无人踏足的全新领域开辟了东洋医学的科学之路。

石川用无数条人命换来了战后他在医学界的地位。

（西野留美子）

五、水缸里装着人头
——一瓶福尔马林液里泡有三到四颗人头

佐藤治郎（匿名）（防疫研究室）

【履历】1909 年出生。

1926 年于大阪就职。

1937 年以军属身份在防疫研究室工作。

1939 年转入华南派遣军防疫给水部。

※此证言乃由对"禁止支出焚烧人骨所用公款的诉讼请求"一案所准备的陈述书整理而成。

1938 年秋，我在东京都新宿区（当时为牛込区）陆军军医学校防疫研究室的建筑物楼顶上工作时看到泡在福尔马林液里的人头。

防疫研究室的勤务

1909 年 7 月 25 日我出生于爱媛县，1926 年毕业于本地楠河农业补习学校，随后在大阪担任银行职员，后来经亲戚介绍到了横滨。自 1937 年起，我以军属身份，在新宿区户山石井四郎军医创立的防疫研究室任职。

当时防疫研究室有第一至第六研究室。由第一研究室在户外教授陆军防疫给水部军官如何操作滤水机并将其安装于车辆上。第二研究室负责开发过滤管和研究将其装入滤水机之中。也就是说，由第一和第二研究室主要负责滤水机相关的研究开发工作，我当时就配属于第一研究室。

第三研究室至第六研究室负责细菌培养工作，这些细菌主要是鼠疫菌和霍乱菌。我曾在爬楼梯去第三研究室的途中，发现一只装有霍乱菌的安瓿瓶掉落在地上。我向防疫研究室北条圆了中佐报告此事，后来北条中佐痛骂了第三研究室的人员。

此外，我几乎每天都能看到从第三至第六研究室运出大量装运跳蚤和老鼠的金属筒及铁丝笼。

水缸里装有人头

1938 年秋，我无意间独自来到防疫研究室的楼顶。之前北条中佐就告诉我们谁都不许到楼顶，所以我也从未到过这里，当天完全是无意间走上去的。

当时楼顶上并排摆着约 15 个样式罕见的水缸，每个都用木盖盖着。水缸直径约 40 厘米，深度也差不多约 40 厘米，样子大概像碗，最明显的特征就是它外层的颜色。我在日本国内见到的水缸都是红褐色的，屋顶上见到的水缸却是灰黑色的。我一边想着这可真是罕见的水缸啊，一边打开木盖。

此时我看到水缸的福尔马林液里泡着三四个人头，吓得跳了起来。人头都是男性的，从肤色上看是亚洲人。有的人头眉心处还有刀伤，有的人头头发被剃掉一半。我随后又打开了大概三个水缸的木盖，每个缸里都装有三到四个人头。

就这样，我看到两三个水缸中的人头，之后便深感恐惧——以前就被告知绝不可到楼上，若是被人看到的话可就惨了。所幸没有任何人看到我在楼顶上窥知水缸中有人头。

我只有这一回上到过楼顶，后来从未和任何人说过楼顶的水缸中有人头浸泡在福尔马林液里之事。这件事要说为什么，我想还是因为我去了不该去的地方，看到了不该看的东西吧。我不知道当时泡在水缸里的人头，是日本人的，还是中国人或朝鲜人的。

此后，我再也没有在防疫研究室的建筑物中见过人头，我曾经见过有人头被放在木板上，然后从陆军军医学校的教室里被运出来，当时我在想这是不是陆军军医学校在医学实习教育中所使用的人头呢？我自己也没去过军医学校的教室，因此不太确定我猜想的到底对不对。

在广东又见到同样的水缸

此后，1939 年 5 月前后，我从新宿区防疫研究室被派至位于中国广东的陆军华南派遣军防疫给水部（波八六〇四部队）。该防疫给水部当时位于广州东山的中山大学医学部，从事教育陆军军官如何操作滤水机的业务。

后来有一天，我驾车通过广州郊外的农村一带时，在农家的屋檐下见到跟以前在防疫研究室屋顶上看到过的形状和颜色相同的黑色水缸，看到这只是普通的日常用品后，我才恍然大悟。也就是说，东京防疫研究室屋顶上摆着的水缸以及其中浸泡的人头会不会都是从广东这边搬运过来的？这么一想，为何会在日本见到以前从没见过的黑色水缸，也就说得通了。

与人骨的关系

如今回顾这一事实，我认为恐怕当时防疫研究室乃至陆军军医学校都从中国大陆运来了不少浸泡在福尔马林液里的人头，并用这些人头作为医学实习教育和研究的素材。

此外，在人骨的处理问题上，最简单的处理方法，就是遗弃在自己所有或所管理的土地上，从常识来讲，丢弃在别人的土地上是难以想象的，所以，原陆军军医学校遗址上发掘出的大量人骨，应该就是陆军军医学校相关人员所遗弃的。

【解说】陆军军医学校遗迹中发掘出的人骨

1989 年 7 月 22 日，在东京都新宿区国立预防卫生研究所的工地上，发掘出大量可疑的人骨。这些从地表 3 米以下挖出来的人骨，基本都是头盖骨和大腿骨,根据当时警察的推测,这些人骨大概属于 35 具尸体。警察判断这些人骨至少被埋 20 年以上,虽然刑法上犯罪有追诉期,但是因为这些遗骨发掘于七三一部队等细菌战部队的管理机关——防疫研究室所在的陆军军医学校旧址,那么会不会是这些部队人体实验牺牲者们的遗骨呢?类似的疑问在当时闹得沸沸扬扬。

如何处理人骨的问题,就交给了新宿区地方部门。厚生省主张尽快把人骨埋葬,但是新宿区在讨论人骨的处理方法之后,于 1989 年 9 月 21 日的区议会上宣布将单独开展对人骨的鉴定工作。

1992 年 3 月,新宿区委托札幌学院大学佐仓朔教授对遗骨进行鉴定。根据鉴定结果,遗骨埋在土中的时间在 10 年以上 100 年以下,其中头盖骨最多,也有四肢骨、躯干骨之类的遗骨,种类几乎包括人体各部位的骨骼,推测这些遗骨大概归属于 100 具以上的尸体。这些遗骨极可能是在同一时间被埋入地下的,从人种上推测,基本上属于日本人、中国人、朝鲜人等蒙古人种。

根据对头盖骨的鉴定,十几个头骨上都有人为加工的痕迹,主要是钻头穿孔、切除及锯断痕迹,此外推测还有外力导致的骨折。其中六例有疑似脑外科手术时开颅的痕迹,有两例有类似中耳炎根治手术的痕迹,推测这些手术都是在头颅从尸体上被切断之后才进行的。

※佐仓鉴定的人骨的特征:

一、部位和数量

头骨	100 人以上
脊椎骨	约 30 根
肋骨	约 6 根
大腿骨	约 13 根
胫骨	约 17 根
其他(上肢骨、腓骨、足骨等)	若干

二、人种的属性

虽然无法否定包含日本人的可能性,但至少并非来自普通日本人的随机标本的可能性很大。

三、人为加工和损伤

头骨的加工：推测主要是穿孔或切除、锯断，以及由外力导致的破损。推测通过类似外科手术的手法将尸体的颈部切断并对其头部实施上述行为，目的恐怕是手术的预备实验及练习。

头骨的损伤：生前受伤的可能性很大。怀疑遭受砍伤、刺伤。有穿孔。

四肢骨的锯断：除去一个是干燥标本的个体，大部分的骨头在各位置都有被锯断的痕迹。除锯断之外没有别的加工及明显的病变痕迹。

［详细的鉴定内容，请参照佐仓朔《户山人骨的鉴定报告书》（新宿区，1992 年 3 月 30 日）及常石敬一《人骨在控诉——读佐仓鉴定报告》（究明军医学校旧址人骨发掘问题研究会发行，海鸣社出版，1992 年）］。

由鉴定所见，可以确认这些遗骨都有人为加工的痕迹。在记者会上，佐仓指出：“总之，可以看出这些人骨是出于某种目的，从日本人以外的外国人尸体上收集来的，我想大概是用作手术预备练习的素材吧。”（《东京新闻》，1992 年 4 月 23 日）基于这一事实，与市民运动相关的人群为了弄清真相，发起了禁止焚烧人骨的诉讼请求。这些人骨极有可能是七三一部队等研究制造生物武器的细菌战部队所屠杀的牺牲者的遗骨，至今，为了探明真相，相关团体仍在争讼之中。

（鸟居靖、西野留美子）

六、通过“特别移送”将中国人送至七三一部队
——宪兵队思想对策班班长视角下的“大连事件”相关内容

三尾丰（宪兵）

【履历】1913 年出生。

1934 年 1 月至 1935 年 12 月隶属步兵第六十八联队。

1936 年 3 月至 1945 年 8 月先后隶属齐齐哈尔、牡丹江、大连各宪兵队。

1945 年 8 月被俘后滞留西伯利亚。

1950 年 6 月被移送至中国战犯管理所。

1956 年 8 月免于起诉，释放回国。

※本篇证言乃在埼玉（浦和）"七三一部队展"《报告集》（1994 年 10 月）的基础上，由证人本人增补而成。

作为战犯被关押的 11 年

我是从 1934 年至日本战败为止的 11 年间，侵略所谓"满州"的中国东北，对中国人民犯下严重罪行，在日本战败后 11 年间被关押于中国战犯管理所的一名战犯。

1994 年 10 月 3 日至 15 日，我为了直接向受害者的遗属谢罪，来到七三一部队所在的平房地区，以及石井四郎最早开始人体实验的背荫河。现在请让我对包含此事在内的所有事件做证言阐述。

七三一部队的状况

首先，请让我从七三一部队创设时的情况说起。石井四郎从 1933 年开始在背荫河进行实验，我是在次年 1934 年来到掖河这个地方的。掖河就在牡丹江旁边。我到那里的时候，边境地区已经开始构筑阵地，这些阵地是针对苏联而建的要塞，这一带还有一连串由军队用砖石构建的永久兵营。

就在那个地方建起陆军医院。宪兵将逮捕的"反满抗日者"送到陆军医院里，由年轻的军医进行手术演习。当时到处都在进行着这种军医的手术演习，陆军医院中进行的活体解剖与七三一部队没有直接关系。石井就是在那样的条件下，在背荫河开始实验的。

石井之所以选择平房作为细菌战大本营，我想主要是考虑到以下几点：①此地最适宜对苏作战；②方便指挥五个支部；③容易获得实验材料；④易于反间谍；⑤方便运输生产的细菌等。石井于 1933 年在距哈尔滨约 70 公里的背荫河，掠夺了一座中国人的造酒厂并建造了最初的杀人工场。当地人把这座工场称为"中马城"。"中马"二字来自盘踞此地的关东军独立守备队队长中马大尉，这个称呼是为了掩盖此地真正的用途。

当地的老人说，中马城是一座大得像城堡似的兵营，而根据原陆军中将远藤三郎（日中友好旧军人协会创始人）日记记载，背荫河实验场是一座600米见方的巨大要塞，这与老人所述是一致的。

1934年9月，有20名爱国者（中国人）逃跑，四年后的秋天又有30人逃跑。遭遇如此大的事故，石井于1938年在邻近车站的平房地区构筑起更为巨大的杀人工场。在平房杀人工场完成之前，作为实验材料的活人，又是被关押在哪里？根据资料，当时利用了哈尔滨市原日本总领事馆的地下看守所，此次我来到这座现已作为中方旅舍的花园旅馆一探究竟。当时日军在30间房间中每间关押大约10人，因此这里足足可关押300人。这里虽然是原领事馆警察管理的看守所，但自1938年以后就作为七三一部队的临时监狱，由哈尔滨宪兵队在这里管理"马路大"。

有关"特别移送"

所谓"特别移送"，是指宪兵将逮捕的人依照关东军司令官的命令，作为人体实验的材料送往七三一部队，为了对此事保密而使用这个称呼。在"特别移送"文件中，记录有苏联间谍和"反满抗日军"，以及对军队、国家不利者的信息。在这些人当中，为伪满政府工作的中国人也在其列。只要查到哪个中国人对日本怀有不满之情，那就意味着他对军队和国家不利，就会被送往七三一部队。

正如大家所知道的那样，"满州国"是一个傀儡政权，"满州国"皇帝是在关东军司令官的指挥下进行活动的，因此在伪满政府工作的中国人是不会满足于日军统治的。

此外也有流浪者被记录在案，流浪者为什么会成为被移送的对象？那是因为当时正在积极研究毒气。七三一部队对毒气进行研究，然后在广岛的大久野岛生产毒气。毒气通过航空运输，然后在安达、孙吴、海拉尔、齐齐哈尔等地进行大规模的毒气实验。一次毒气实验至少需要30—40名实验对象。不过在齐齐哈尔和孙吴进行实验时，由于需要更多人数，实验材料会出现不足的问题，光靠宪兵抓捕再"特别移送"是不够的。于是流浪者（因为开拓团的进入而被抢夺土地的农民流入城市，成为流浪者）也被强制成为七三一部队的材料。

在 1943 年 10 月，时任"新京"警察长官的三田正夫受"新京"宪兵队队长的委托，将 80 名流浪者送往一〇〇部队。三田最近于横滨去世，所谓的警察长官在日本就是警视总监。一〇〇部队是七三一部队的姐妹部队，指的是坐落于原"新京"宽城子的关东军军马防疫厂，他们在那里干着和七三一部队完全一样的事情。警察把受害者送到那里做实验。据牡丹江警察局警正原口一八供述，他在 1943 年 3 月曾将 25 名流浪者送往七三一部队牡丹江支部。这两人和我一样，都曾被关押在抚顺的战犯管理所。原口一八先生的级别，在日本应该被称作"警视"吧。（《人体实验》，同文馆）

就是这样的"特别移送"，使本应按照正规手续进行审判的人，却不经任何手续，无论何时何地都会被宪兵抓捕，然后依照其判断被送往七三一部队，成为那些极端不人道实验的受害者。

"特别移送"是怎样将人集中起来的

那么，宪兵是怎样实施"特别移送"的？由于关东军以"新京"为中心，在边境地区部署了数十万军队，苏联无法知晓日本军队何时会入侵，因此向"满州"分批派遣间谍。多的时候，一个月内就派遣间谍数十次。日军为了防卫从苏联派来的间谍，将位于边境地区的周边设为特别军事地域。在这里居住的所有中国人，都被强制要求携带居住证明书，这使得他们没有"护照"，就不能居住在祖辈世代生活的地方。

这个地域虽然全部部署有宪兵，但他们同时也指挥着名为"铁道警护队"的这一拥有警察权的日本人组织。铁道警护队队员穿着制服，宪兵穿着便装，他们登上列车、船舶，然后将旅客携带的居住证明书全部搜集起来，再在列车或船舶内设置的秘密查证室检查居住证明书的真伪。由于苏联派来的间谍持有的都是伪造的证明书，因此需要验明真伪。证明书都由当地警察发行，错误的或者印刷不清晰的证明书就会被发现。持有这种证明书的人，全部会被宪兵逮捕拘留进行审查，同时向发行证明书的警察询问证明书是否真实，嫌疑人在被放回去之前有可能已被关押一两个月。如果证明书明显是伪造的，由于从票证上可知嫌疑人要前往的地方，当地宪兵就会和目的地的宪兵队取得联系并开始跟踪他。像这种始于居住证明书检查的搜索工作，被称为查证工作。

除此之外还有邮件审查。所谓邮件审查是指宪兵乔装成邮局人员进入邮局，对所有邮件进行检查审阅，一旦发现可疑文章就将发件人逮捕移送。

1940 年我在大连工作的时候，当时在北京发行的一份亲日报纸上发表了一篇号召为日本的国策作出贡献的社论。一个在大连的中国公司职员撰写了一篇反对该社论的文章，我们在邮件审查时发现这篇文章，便将这人逮捕并送到了七三一部队。

现在，无论是对新闻报道撰写感想文章，还是对其发表反驳意见都不会有任何问题，也不会构成任何犯罪，但是在当时，这样的事情一旦在邮件审查中被发现，作者就会被送至七三一部队。

此外，还有"满州八六部队"这样一支部队的存在，这支部队与我所要说的大连事件存在关联，其正式名称为"科学搜查部队八六部队"。那里除了有无线电设备搜查班，还配属毒药、指纹、照片等搜查班。这是一支为了对从苏联入境的无线电设备进行搜查而编成的强力部队。在各个城市部署的苏联间谍，很多都被八六部队发现并送往七三一部队。

除此之外，还有"搜机工作"。所谓的搜机工作就是对无线电设备进行的搜查，不过是由宪兵乔装成铁路职员，对各主要车站仓库内长期保存的货物进行检查，一旦在那里发现可疑货物，寄件人和收件人都将遭到逮捕。在苏联，经常能抓到和人差不多大小的鱼，当时的苏联人为了运送无线电设备，将这些鱼的肚子剖开，取出内脏，然后把无线电设备塞入鱼腹中。

这也是展开搜机工作的原因。探测机器是由川崎登户研究所制造的。今天我们在去成田等机场安检的时候会听到"叮"的响声，机场用的就是那种机器。机器如果对货物发生反应，就要立刻打开进行检查。这就是所谓的搜机工作。特务们就是这样对"特别移送"的对象展开搜查，然后将其送往七三一部队的。

大连事件

接下来，我要对最重要的部分——大连事件进行阐述。1943 年 6 月，"满州八六部队"从大连市海岸捕捉到一种奇怪的电波，于是和大连宪兵队外事班(外事班是指主要对苏联领事馆的活动进行搜查的宪兵)共同搜寻电波源头。

外事班对苏联领事馆馆员的活动进行调查,开启了共同作战下的搜查工作。在大连有处叫星浦的海水浴场,这个海水浴场的下一站是市内电车终点站,有一个叫"黑石礁"的地方。在黑石礁这个村庄的中心地区,有一所照相馆,宪兵用了大约三个月时间终于捕捉到电波是从这个照相馆发出的。这很明显是一所伪装的照相馆。1943年10月2日凌晨2点,大连宪兵队组织60名宪兵,包围了这所照相馆。在间谍正好结束发送无线电波的时候,宪兵冲入照相馆并将其逮捕。间谍名叫沈得龙,与他一起居住的杨学礼、李振东,以及沈得龙的夫人都被抓起来由宪兵队带走。

在非常严酷的审讯下,沈得龙供述他自从来到大连后就开始谍报活动,在沈阳和天津也有协助者。沈阳会有别的宪兵前去逮捕,在天津的则是名叫王耀轩和王学年的两人,上级命令我去逮捕他俩。因为这次事件非常重大,如果能逮捕到该事件的核心人物将是大功一件,我当时决定无论如何都要逮捕这两人,为自己立下功劳,怀着这样的心态我朝天津出发了。

这是我第一次到天津。那里和大连那样有日本人管理历史的城市不同,搜查起来非常困难。有时我乔装成邮递员,有时又乔装成电路修理工,经过大约十天到处搜寻,终于确认他们住处。10月底,我在当地宪兵协助下将两人逮捕。王耀轩当时42岁,王学年则是一名25岁的青年。特别是王学年的身边还有夫人和婴儿,我趁她们熟睡时闯入并带走王学年的时候,他的夫人抱着婴儿哭着追出来,我没有理睬,把他强行交给天津宪兵队。次日,我们在塘沽港乘坐定期通航的山下汽船,将两人押往大连宪兵队。

从被带往宪兵队起,宪兵独特的拷问审讯就开始了。我希望搞清楚沈得龙这一核心人物是谁从苏联带过来的,带他过来的人究竟属于什么组织。沈得龙其人,是在1910年日韩合并时,因为厌恶日本的统治举家迁往"南满"的,他的父亲因病去世,母亲被日军杀害。为了报仇,他加入朝鲜独立军部队,之后跟随这支部队进入苏联。因为表现出色,被选为无线电专业间谍,随后前往莫斯科,在那里接受为期两年的无线电训练,之后才被派遣过来。

我认为,应该有中国共产党党员将沈得龙带来,王耀轩应该也是由此人介绍给沈得龙的,我一直向沈得龙讯问此人信息,但他什么也没说。他那时42岁,像我父亲一样是个温和的长者。我也曾对他进行利诱,然而最终什么也未能获得。

王学年这个年轻人,是中国共产党党员一事已非常明了,但我们仅知道他是党员,他的党组织及背后关系却一点也没有供述出来。另外还有一个叫李忠善的人,由于这个人不是我审讯的,所以我不清楚具体情况,只知道他既是苏联共产党党员,也是中国共产党党员。

向七三一部队引渡

1944年3月,上级命我将这四人送往七三一部队。这是非常重要的任务。我指挥四名宪兵,将这些爱国者用麻绳五花大绑起来,然后给他们头上套上麻袋以免外人知道。我们在大连坐上了亚细亚特快列车。这些人也许是对自己无论如何都会被宪兵杀害一事已经有所觉悟,表现得都非常泰然自若。反倒是我因为担心他们要是逃脱或者自杀,自己也会跟着掉脑袋,因此非常紧张。而且在这半年里,我一直与这个很像我父亲的沈得龙进行交流,对他也有一些复杂感情,可以说是怀着沉重心情把他们运往七三一部队的。

我听说过七三一部队用活人做实验并加以杀害的事,但是详细到用什么样的形式、由谁去做,这我就不清楚了。只知道那支部队是细菌战部队,也是支很厉害的部队。要将这些人送往那样的地方,令我非常紧张。从大连到哈尔滨需要近20个小时,真是非常漫长的时间。到达哈尔滨车站后,穿着便装的七三一部队专属宪兵就来了,他指挥下属宪兵马上将我带来的四人戴上足枷和手铐,将捆绑他们的麻绳解开后扔给我。这样的处理方式我至今都留有印象,真是把人当成木头般处理。就这样,我将四名爱国者送进了七三一部队。

大连事件在50年后的今天,仍然没有结束。去年(1993年)7月,哈尔滨平房的侵华日军第七三一部队罪证陈列馆馆长韩晓先生来日本时,他受人之托给我看了一篇告发书。当时,除了先前被实行"特别移送"的四人,还有三人被我逮捕。根据宪兵文件来看，那些人应该被释放了。然而，事实上这三个人都没能回去。写下这篇给我的告发书的，正是其中一人的孙子。告发书中这样写道："奶奶自从丈夫被宪兵抓走后，十年间一直在坚持寻找他，但终究毫无所获，她在临死前对自己的孙子说：'你一定要去查明这件事，把它查得清清楚楚。我的丈夫在和日本帝国主义作战的时候被宪兵抓走杀掉了。这件事情你一定要弄明白！'说完这些话后不久，她就离开了人世。"

我基于这篇告发文，于去年10月前往大连进行调查，至今还没有得出结论。七三一部队有五个支部，在大连也有支部，因此也有说法怀疑大连支部同样进行过人体实验。在大连市共产党历史委员会①的协助下，我将会继续努力探明真相。

那时我没有意识到自己是七三一部队的协助者

直到去年7月，我完全没有认识到自己是七三一部队的协助者。七三一部队展举办的时候，列出许多证言，我才第一次认识到自己所做过的事是多么沉重的罪孽。

宪兵将多达3 000人送往石井部队，于是石井的实验才得以继续。假如没有宪兵，石井应该就无法去做这样的事情。我终于意识到宪兵与石井部队的关系实为一体。我认为，我就是将那些人直接送进去的罪人。对于遭受这一切的被害者，我真的非常抱歉。

现在我正在为追究七三一部队被隐藏的秘密而四处奔走。各地七三一部队展所展出的内容，只是七三一部队的一部分，很多事情都还被掩藏着。只有越来越多地前往日军的侵略地，新的事实才能被发现。

我已经81岁，虽然时日无多，但我下定决心，即便仅我一个人，也要向广大的日本人彻彻底底地揭露日本军国主义犯下的罪行，对战争的真实样貌做出证言，才是赎罪的方法。

我坚信，只有对日本军国主义在侵略战争中所犯下的种种罪行担负起责任，才能构筑起亚洲人民之间真正的友好关系，努力去实践这一想法才是

---

① 原文如此——编者注。

当务之急。

【解说】大连事件

在平房七三一部队遗迹上,建有"侵华日军第七三一部队罪证陈列馆",展示七三一部队的记录。虽然 1995 年新馆建成后展品被移送至新馆中,但在那之前,位于七三一部队本部二楼的石井和北野队长的办公室,以及下面一楼的空间,都被用作陈列馆的事务室和展厅。1995 年以前一直担任陈列馆馆长的韩晓,长期致力于与七三一部队相关的调查工作。以下是韩晓所整理的大连事件概要部分的摘录:

> 1940 年 3 月,中共地下组织派往苏联莫斯科学习的沈得龙,受苏联红军参谋部情报部派遣返回天津。之后,沈得龙与王耀轩秘密潜入大连市黑石礁,建立国际反日地下情报据点,沈得龙任负责人兼间谍,王耀轩为情报员。同年 10 月 3 日,扩大发展李忠善、吴宝珍、王学年为情报员。他们三人住在大连市近江街,由李负责奉天市,吴负责大连市,王负责天津方面,对各种情报进行收集。在这以后,又进一步吸收发展杨学礼、李振声、王东升、刘万会为情报员。
>
> 1943 年 6 月,关东军宪兵队八六部队无线电信分队发现了可疑的电波,经过三次调查确认后,大连宪兵队于同年 10 月 1 日 2 点 30 分,将正在兴亚照相馆中向外发报的沈得龙及妻子刘桂琴,以及 8 名相关人员全部逮捕并没收电报机一台。同一天,吴宝珍也被逮捕。接下来,在奉天的李忠善,在天津的王耀轩、王学年,以及杜某、本溪县下马塘的刘万会等共 8 人均被逮捕。这些被逮捕的人士中,除知道个别人的消息以外,大部分人的被害情况都不甚明了。根据可靠的消息,沈得龙、王耀轩、李忠善和王学年四人被送进石井部队。(韩晓著,山边悠喜子译《七三一部队的犯罪》,三一书房,1993 年)

将这四人送往七三一部队的宪兵,正是三尾丰。

（西野留美子）

七、在南京也进行过人体实验
——血管一切开，心脏里的血液就喷涌而出……

松本博（一六四四部队）

【履历】1926 年出生。

　　　　　1943 年分配至华中派遣军防疫给水部荣一六四四部队。

※本篇证言乃根据 1995 年 6 月、8 月、11 月的采访整理而成。

1943 年 11 月末，17 岁的我志愿前往中国。首先被带往南京的中央大学医院。因为是卫生兵，原本想着会在医院里工作，但是却接受步兵训练，在那以后又接受六个月左右的卫生兵训练，随后被分配到华中派遣军防疫给水部（荣一六四四部队）。入队是在 1944 年 8 月前后，在那以前我对一六四四部队一无所知。

　　入队后我被带到本部里面的七号楼，那是一栋混凝土造的四层建筑。我的工作是监视"马路大"。

被关在"鸟笼"里的"马路大"

　　部队的四楼并排分布着许多关押中国"俘虏"的房间。我所负责的是被称为"松"的房间，还有其他被称为"梅""竹"之类的房间。

　　房间大小跟学校教室差不多，房间的周围建有水沟，里面注满了福尔马林液。房间中央放置有五六个被称作"鸟笼"的牢笼，每个里面都关有一个赤身裸体的中国男性。我记得其中既有中年人，也有 20 岁左右的年轻人，但他们无论年龄大小，体格都很健壮。

　　"鸟笼"高约 1 米，宽约 1 米，长约 1.2 米，大小勉强够一个成年人坐在里面。笼子是用粗铁丝围起来的，只有地板是将方木用螺丝连接后铺成的。虽然他们都是全裸的被关在里面，但房间内配备有冷暖气设备，在调节温度方面是非常用心的。

　　他们都是被宪兵队强制带来的"俘虏"。"俘虏"们被装在遮有幕布的卡车里，伪装之后被带到了这里。我曾经见过幕布的上面坐着宪兵，而且卡车的车牌似乎也被摘除了。大概一次会带来五六个"俘虏"吧。虽然不知道其他房间的情况，但一般会有 20 个以上的"马路大"被关押在这里。

"马路大"被军医用作鼠疫、霍乱、破伤风、伤寒、气性坏疽等各种细菌的人体实验。军医通过注射使他们感染细菌，或是将培养皿中的鼠疫跳蚤直接放在他们腹部，让跳蚤吸他们的血。由于不能洗澡，因此他们身上都有浓烈的臭味。我们监视他们时则是穿着白衣戴着口罩，每天开始和结束的时候，都会用氯化汞水消毒。

"马路大"逃脱事件

我一整天都在监狱的入口附近站着监视"马路大"的行动。之所以监视森严是有原因的：在我入队以前，此处发生过"马路大"的逃脱事件。

有一次，一个"马路大"将"鸟笼"地板方木的螺丝弄开后逃走了。他用吃饭时偷偷留下的餐具将螺丝附近的方木挖掉，将地板拆除后从窗户逃了出去。监视者为什么没能发现这些举动？那是因为"鸟笼"的中间放着一个马桶，用它来遮蔽的话就不会被人看见。削掉的木片大概是被扔在马桶里了吧，因为通常不会对马桶里面逐一进行确认。

虽说要逃走，但走廊里面也有监视。而且由于房间都上着锁，除了窗户没有能逃出去的地方了。那里可是四楼，跳下去的话非死即伤。不过窗户旁边有一棵很大的树，大概是柑橘类的树木，树枝向外伸展着。所以如果能准确地跳到那棵树上的话，下去就不是难事。而且正下方有一个很大的窨井，也许就是钻到里面后逃出这栋楼的。当时也只能这么猜测。至于逃跑的"马路大"有没有被抓回来，之后我就没有再听说过了。

因为出过这样的事情，餐具从此不再用陶器，而是变成了纸和布制品。我到那儿的时候，首先就被要求听别人讲述这件事，并且接受了他们的忠告，比如绝对不能和"马路大"说话，不能轻易地把餐具和其他东西交给他们之类的。那时候已经在使用布制的餐具了。虽然已经在房间外的走廊部署了警卫，但是为了加强警备，在房间内也布置有警卫。

全抽血

我的工作不仅是监视"马路大",还有给"马路大"送餐,每天早晨给"马路大"检查体温,回收"鸟笼"中马桶里的粪尿等各种各样的任务。所谓马桶,是一个类似饭桶形状的容器,上面加了盖。"马路大"坐在那里大小便,马桶口刚好能包住屁股。不过,因为"鸟笼"比较狭小,"马路大"大小便时得将两手放在地上一边蹲着一边排泄。我们每天早上都要回收马桶中积攒的粪便。"鸟笼"的一角有一个像小窗一样的开口,我们便从那里收取马桶,由"马路大"自己将马桶递出来。我们把粪便收集在一个用带把的油罐做成的桶里,然后扔到垃圾内。那也是我的工作之一。

我最讨厌的工作是在"马路大"被细菌感染了数天后,将其体内所有血液抽出的所谓"全抽血"。抽血时,除了军医,还会有我们这些负责监视的人、监视所的其他人以及军医带来的士兵在场。我将被抽血的"马路大"从"鸟笼"里带出来,将他的眼睛蒙上,再用一个黑色头巾一样的袋子将头蒙上,但是不给他穿上衣服,就这样将赤身裸体的"马路大"带到隔壁的处置室。由于被带出去的"马路大"没有一个人再回到过房间,因此被带出去的"马路大"都会对同一房间内的"马路大"嘀咕道:"死啦!"大概是已经知道自己将会被杀掉吧。"马路大"要自己走到处置室,警卫会用短枪上的刺刀指着,"马路大"根本没有反抗的机会。

处置室里放着一张稍稍倾斜着的床。在那里,我让戴着头套的"马路大"仰面躺下,为了不让他大闹,还要把他的手脚和身体固定在床上。到此为止都是我们警卫的工作。对固定住的"马路大"进行"处置"的则是军医。

被固定着的"马路大"的脸仍然被袋子蒙住,穿着白衣的军医从袋子上方将氯仿滴在他的鼻子周围,然后对他说:"数数!""马路大"就开始数数:"一,二,三⋯⋯"这样数着数着,逐渐开始打起了呼噜。然后军医对被麻醉了的"马路大"的大腿部位进行消毒,在那里用手术刀切开一个大约 10 厘米长的口子,接着用钳子将位于鼠蹊部的鼠蹊动脉拉出,然后切断这根血管,再将管子插入血管中。这样一来,心脏里的血液就从血管里大量喷涌而出,仿佛瀑布一样⋯⋯我们就用瓶子将血液收集起来。

抽出来的血液大概装满一瓶时，"马路大"就出现剧烈痉挛。当然，"马路大"还处于沉睡的状态中。那种痉挛恐怕就是死亡的瞬间吧。"马路大"就在沉睡中死去了。抽血快结束的时候，血液中开始"咕嘟""咕嘟"地冒气泡，然后军医就会同一起来的士兵穿着靴子站在"马路大"的心脏位置上踩住，总之要让气泡不再出现，榨干他的最后一滴血。储存在几个瓶子中的血液，很快就被军医拿到其他房间。因为是保持原样拿过去的，所以在同一楼的某个地方应该有培养室之类的设施吧。虽然是参与抽血的队员，但我对自己所负责房间以外的情况一点都不了解。

我将袋子从被抽干血液的"马路大"的头上取走后，他那青黑色的脸仿佛蜡一般。那时我就想："为什么一定要做这样的事情呢……"心情也变得沉重起来。"马路大"的眼睛已闭上了。这幅场景真是令我不想再度想起……

之后，我不得不将"马路大"的尸体搬到焚化炉。焚化炉在与处置室相邻的房间内，在那里装有电炉，我们将尸体扔到电炉里。虽然焚烧有专人负责，但也不得不将尸体搬运过来。人被焚烧后油脂会从尸体中析出，甚至会流到焚化炉外面的走廊上。

这样的全抽血，多的时候一天进行两次，通常是一个月两三次的频率。这种工作一直持续到战争结束。

"马路大"的抵抗

对于这样残忍的行为，被关在"鸟笼"里的"马路大"并非只是沉默。在我的记忆中，大约有过一两次"马路大"的抵抗活动。他们与同房间内其他"鸟笼"中的"马路大"合谋，一起用脚"咚咚"地敲打"鸟笼"的地板，同时大声呼喊。不过因为我不懂中文，不知道他们在叫些什么，只能尽力制止，对他们喊道："给我安静下来！"虽然"马路大"会透过"鸟笼"互相交谈，但我却产生不了制止他们的想法。也许是我太年轻的缘故，无法理解为何他们非得经历这样的遭遇。怀着这样的心情继续进行监视工作，这让我从内心感到抵触，然而我又无法违抗命令。

我刚进部队时发生了一件事。有一次我被一名管仓库的士兵问道："工作怎么样啊?"我刚一说出"很讨厌",就被打了一顿。虽然是无意中说出真心话,但因为发生这件事,以后再也不敢说出"很讨厌"这种话。心中所想绝对不能说出口,无论对谁都不能放松警惕,但是我无论如何都不明白为什么那些人要遭受如此残忍的对待。因此,看来我只能在不被人发现的地方,才能表达自己的想法。

我知道"马路大"都很想要香烟,便将下发的香烟悄悄给他们吸——因为我自己不吸烟。"马路大"接过去后会高兴地说"谢谢"。那样做虽然是严格禁止的,但多少是我的一点心意。一根一根给他们后,他们也能领会我的意思,为了不让烟飘到外面去,都是一小口、一小口地吸,将香烟全部吸到滤嘴为止。因为曾经有一次大家一起吸,结果被发现,后来都是一个人吸完后,下一个"马路大"才开始吸。我知道一旦被发现自己将会受到严厉处罚,但至少想把他们当作人一样对待,这样的想法很强烈——因为我已经见到过多次他们被注射药物后杀害的场景了……我很烦恼,不知道自己到底应该怎么办才好。也许是因为我还只是一个十七八岁的孩子,无法做到像其他士兵那样。小孩子的心里会有自责的想法。一回忆起父母就会感到痛苦,会去想自己在做的事情到底应该怎么办才好。

内务班

我的工作时间只在白天。生活基本都是围绕内务班而展开的,午饭也是去内务班吃后才回来。当我当值的时候就要去厨房拿饭和汤,上菜和打扫都需要在规定的时间内完成。平时除了吃饭都在七号楼度过,到了5点又回到内务班。

晚饭后会点名,向值班的人报告本班有多少人,生病多少人。只要是离开班组,哪怕是去厕所都要报告。一个班约20人,大概有3个班吧,具体不太清楚。互相谈论对方在做什么工作也是被禁止的。偶尔会有睡在旁边的士兵问我:"你这家伙,昨晚睡觉的时候在呻吟,到底怎么了?"夜中梦呓的那天,必定是对"马路大"进行过全抽血的一天,然而那种事情我是不能说出来的。双手抱在胸前想要度过不眠之夜,却迷迷糊糊地陷入梦呓的状态。

内务班班长惩罚人非常严厉。米饭不够了,靴子的数量不足了,班长的衣领弄脏了，衣领缝得不够好了，擦靴子的方式不满意了……总之，无论什么事情都会成为他惩罚的理由。他让我们站成两列，互相扇对方耳光。一旦表现得手下留情，就立马会挨揍，真的是非常过分。不挨打的日子是不存在的。因此只要熄灯号一响，就觉得整个人立马放松下来。"啊，今天又结束了一天。"不只是"马路大"，就连士兵们也没有自由。比如觉得过分啊，不想再做啊，就连思考这些事情的自由也是没有的。

每一刻都想要逃走，从这里解脱出来。假如逃走后又被抓到，被送交到军事法庭上，那就是重罪。就连父母也会成为"国贼"，给他们带来麻烦。想到出征时摇着日本国旗给我送行的乡亲们，我就害怕得不敢逃走。到哪儿都没有我能逃避的地方。

但是有一次一个和我同年的士兵不见了。那天半夜我们突然紧急集合，所有人到部队的各个角落去搜寻，连下水道都搜查了。最后没有报告是否找到了那个士兵，但自那天以后，我再也没有见过他的身影。

战争结束

自从收到苏联已经参战的消息后，部队就急着销毁证据，整天忙得不可开交的。放着"鸟笼"的那些房间，即便只看一眼就会感到很可疑。房间里面周围 10 厘米宽的混凝土制水槽（用于灌注甲酚）必须被破坏掉。之后所有活着的"马路大"都要被麻醉后杀掉，当时没有使用毒气。最后光是我管理的房间内就有 6 人被杀害了，加上其他房间一共应该有二三十人吧。

8 月 15 日，我在四楼听到天皇的广播。护士都在厨房前的广场排好队听着。对"鸟笼"的切割工作已经开始了。破坏电炉的工作想必也非常麻烦，因为我没有确认，所以不清楚具体情形。此前被做了实验后杀害、焚烧的"马路大"的尸骨，都被埋在兵营旁边挖的坑里。我们将这些遗骨挖出来后和其他的器材一起装上卡车，然后将其全部扔到长江里。辎重队（军需用品的运输队）派来数量众多的卡车。因为中国方面已经高度警戒，因此要将这些东西伪装后再运过去。

回忆这些事情令我感到痛苦，但我并不后悔说出这些秘密。能一吐为快真是太好了，我有一种如释重负的感觉。

八、终生重负

——在我脑中纠缠不去的实验对象临死惨状

千田英男（七三一部队教育部部员）

【履历】1917 年出生。

　　　　1942 年加入七三一部队,于教育部负责卫生兵教育,曾在吉村班、植村班和教育部庶务科任职。

※此证言转载于"战争体验记录会"（宫城县）编纂的《云逝不归》一书所收录的《终生的重担》（1974 年）一文。

　　军队里等级就是一切。不论事实如何,长官的命令必须绝对服从。在这种组织中,即便是自己不想干的事情,只要长官下了命令也不得不去干。束手无策的我只能用装病来躲过去,并借此机会考虑下次的躲避手段。就这样无病无灾地躺着度日实在是非常痛苦的。躺在床上时梦境一遍又一遍地袭来,这两年间各种可怕的回忆都苏醒过来,越是想要遗忘越是在我脑中缠得更紧。日积月累,我的苦恼反倒变得更深了,我似乎是患上了真正的精神病。

通往地狱的道路

　　中央走廊尽头向下的楼梯就是通往地狱的道路,走在这条道路上,皮鞋的声音咔哒、咔哒、咔哒……令人恐惧地响个不停,我的脚步也越发沉重。打开铁门之后就是警卫执勤室,年轻的卫兵将手枪举到肩部,我们互致问候:"辛苦了!"此时理应向卫兵出示贴有照片的通行证,但是因为我是老熟人,所以这道程序也免了。之后我对卫兵说:"今天请把××号、××号、××号……这十根'马路大'交给我。"卫兵回应:"是! 明白了!"

　　七三一部队中用作人体实验的活人被称为"马路大",都用编号加以标记。几名手持棍棒的警卫打开铁锁之后,推开坚固的大铁门走到了后院里,后院中央盖有关押"马路大"的两层监狱,其四周被混凝土制的三层楼房所包围。监狱直到二楼都没有窗户,这样的建筑物从外面爬不上去,这种构造也是为了防止"马路大"逃跑。楼上的四角都装有很大的探照灯。这栋楼对面有一座结构一样的建筑物,(这两座建筑物)统称为七栋、八栋。

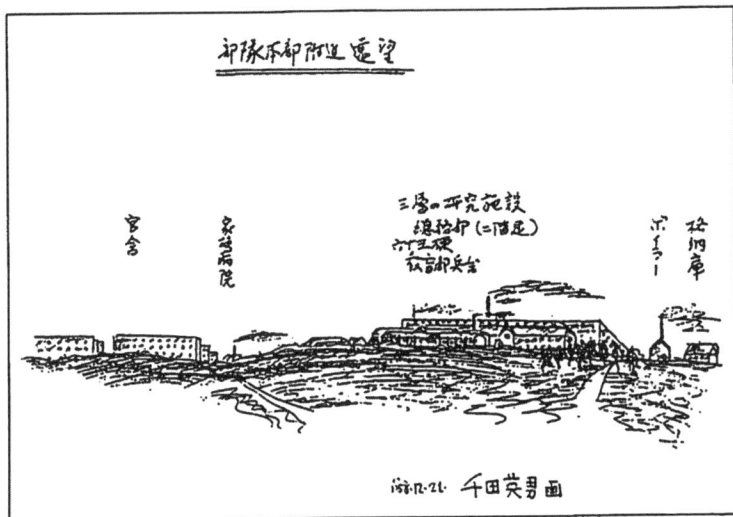

千田英勇所绘七三一部队素描。

　　走过楼道之后,监狱入口的大门打开了,"妖气"从黑暗的地底下冒了出来,我被这种黑暗的气息所侵袭,心中不由低语:"真令人厌恶啊。"回廊式的监狱中有几个小房间,都是用铁栅栏隔开的,部分房间还有联络用的窥视窗。囚室大概有10—13平方米,里头有六七名穿着黑色便服的人或坐或躺,他们都转头看向我们这里。他们或是用愤怒的目光瞪着我们,或是向我们露出哀求的表情,或是一脸精神恍惚的神色。这场面令我背后冷汗如雨。

　　"××号,××号,××号……"我们的点名声对于囚犯来说就像是来自地狱的召唤,打开一厘米厚的铁门之后,囚犯们一个接一个弯着腰从囚室里走出来,他们的脚镣发出的声音悲惨地回响在楼道里。他们被脚上紧紧套着的脚镣勒得疼痛不已。我看着这幅光景,心想这恐怕就是胜者与败者两极分化悲剧的真实写照吧。这些人人生中剩下的唯一的道路就是被用作各种实验的材料,最终悲惨死去。即便他们知道这种结局后想要用什么手段逃离,也绝对不可能突破这防备森严的壁垒。

被铁索束缚的囚犯身后有好几名警卫手持枪械棍棒监视着他们。同一个囚室的人不断消失，又不断有人被补充进来。恐怕这些囚犯也知道等待他们的是怎样的命运，而他们能做到的不过是等待被杀戮的命运而已。但是，即便愤怒的情绪随时间推移而逐渐消失，求生的欲望也绝不会那么简单就被放弃。虽然看起来像接受了命运一样，但是他们究竟怀揣着怎样的想法，我不得而知。每当想到如果我和他们互换的情形，就不寒而栗。

我们的实验何时才能结束？

我们这个月的工作是继续对"马路大"注射斑疹伤寒病菌。我们使用哈塔松鼠（一种在草原挖洞在地面居住的松鼠）和鸡蛋来大量生产斑疹伤寒菌，为了掌握以怎样的投药量、接种间隔和手段来投毒才能实现最佳效果而不断进行实验。我和助手在实验室里怀着对每位"马路大"愧疚的心情给他们注射细菌，然后从口袋里拿出香烟，给他们每人都发一根。本来这种行为是被禁止的，但是有一回"马路大"和我说每天发给他们的香烟都不够，从那以后每次出入实验室我都会带上几根香烟。

当我给他们香烟时，他们会很高兴地跟我说："大人谢谢！"这时我也会开心一些，这也算是我能为他们做的唯一的事情了，警卫也会经常装作看不见。之后我会逐一询问他们接种之后有无异常感，健康状态如何等问题。跟他们谈话时他们会问："大人，我们的实验什么时候能结束啊？""很快就能结束了。""结束后我们就能从这出去了吧？""大概是这样吧。""我……什么坏事都没做啊。老家还有老婆孩子在等我，请您早点放我回家吧！"这位实验体的话让我一时语塞，我只好回应道："好，明白了，我帮你向上级求一下吧。""拜托您了！我等您好消息！"这时他的眼里闪着那种绝处逢生的亮光。

我明知道他们绝无生还的可能，可是还不得不编造这种谎言，不由得被自己这种苍白的话语所震惊。我感觉自己就像是犯下了无可挽回的大错，毕竟，我与这个人之间并没有任何过节。

像这样的接触不断累积下来，人与人之间的交往自然会催生出某种情绪。随着这种情绪逐渐加深，我也逐渐对自己被强加的工作感到痛苦、疏远。此时我也在想，幸好我负责的不是霍乱和鼠疫这种烈性传染病的人体实验工作。

在进行了几天的指定接种后，我接下来也不得不对实验对象们注射细菌了。虽然大部分实验对象都因为已经获得免疫力而不会发病，但是作为对照组的实验对象没有注射疫苗，即便很少发生死亡病例，不过他们百分之百会被感染。在不断重复这种作业的过程中，实验也变得越来越顺利了，多次实验后我们终于获得正确数据。在实验结束的时候，我因为"假病"而"病倒了"。

活体实验

1942年春，我从参军以来一直服役的伪满国境东部部队转移到了关东军防疫给水部，此时给我的职务是在教育部对配属于各支部的卫生兵进行教育。在结束这一工作之后，我转入了第一部的吉村班。

吉村班主要负责冻伤相关的研究，我去的时候他们对于"喝病"①的活体实验正进行到紧要关头。我以前听说他们这支部队的主要任务是防疫给水，特别是制造滤水机等器具，但是在接触到这支部队被隐藏的真实一面时，我被彻底震撼到了。他们把全裸的活人扔到坚固的玻璃箱里，然后从下方注入蒸汽，以此营造容易患上"喝病"的气象条件并让实验对象染病，随后对其进行临床病理观察并研究病因。

随着时间的推移，实验对象开始全身潮红并汗如雨下，不论其有多痛苦都因为身体被束缚而无法活动。最后实验对象停止出汗了，他的脸因痛苦而扭曲，拼命地扭动着身体，哀求着、怒号着、谩骂着，最后变成了疯狂的声音，这幅凄惨无比的临死景象至今还在我脑中挥之不去。第一次看到这种凄惨的场面，不忍直视，恨不得马上逃出去。这种场面下还能平静地进行实验的人，他们到底是长着怎样的神经啊。

所幸在这种人体试验中，像我这样没有经验的人只能做旁观者。在20天的时间内，他们不停地做着这种实验，实验结束之后，我连饭都吃不下去，每天晚上一躺在床上就会想起那天所见到的惨状，这令我难以入眠。那些被用作冻伤实验对象的人，他们死后四肢被制作成标本并拥挤地陈列了起来，我从门缝里偷看研究里的这幅场景的时候，不由感叹自己真是来了个可

---

① 原文如此——编者注。

怕的地方。后来,上级突然下令让我去植村班帮忙,终于能离开吉村班了,这让我长舒一口气。

我在植村班的工作是气性坏疽的临床试验。我一开始还以为这里的工作比吉村班能正常一些,但是向活人体内注射病菌,看着他们体表紫色的肿胀不断扩散并观察这种过程,若非心如恶鬼,又有谁能做这种工作呢?我的负罪感一日日加重,最终整日闷闷不乐。虽说这是命令,但是本该救人的卫生员却夺走别人的生命,还有谬论称我们的所作所为和研究结果最终会拯救军人的生命,这种言论令我无法理解。研究数据完成之后,我再次被配属到研究斑疹伤寒的有田班,在此我对疫苗的效力开展实验。

无法消除的伤痕

在我无所适从地躺在床上翻来覆去的日子里,教育部部长园田中佐曾来安慰过我。我当时把我想说的一股脑全倾诉给他,之后我已经做好了挨一顿痛骂的心理准备,没想到部长竟然笑眯眯地对我说:"是吗?看来你不适合这份工作啊。"我以为我听错了,当时觉得自己是在做梦。部长回去之后,我高兴得都想对着他的背影双手合十感谢。没过多久我就回到了原来任职的教育部,并且在庶务科任职。

从那以后直到现在,将近40年的时光过去了,当时的可怕记忆依旧在我脑中挥之不去。不仅如此,恐怕这份痛苦会一直伴随我到死亡。虽然当时都是上司下达的命令,但是我毕竟也参加了人体实验并将活人当作实验材料来使用,那些惨死之人的一张张脸庞死死地烙印在我的眼中。这道无法消除的伤痕,迄今为止我没有和任何人诉说。

这些年来,曝光石井细菌战部队的书籍相继出版,特别是森村诚一的《恶魔的饱食》三部曲将相关活动推向高潮,该书作为畅销书至今已经卖出190多万部。现在七三一部队已经成了公开的秘密。宫城县希望本地参加战争的人员能饱含着对和平的愿景,将自己的战争体验记录下来并传递给后代,借此机会,我也鼓起勇气将自己经历的战争秘事投稿给相关单位,希望我的经历能为阻止下一场战争的爆发尽到绵薄之力。

我有时也在想,我曾经也是一个恶魔吧?这样的话,作为我上司的北野少将、园田中佐、有田少佐、植村大尉等人也都是恶魔。但是，他们在我面前是充满了人情味的大好人，到底是什么将他们卷入了这种不人道的暴行，将他们从人变成了恶魔？到底是谁该负起这份责任？战争就是死与生的斗争，这一过程中杀戮被不断累积，为了获胜也渐渐不择手段，恐怕就是从这时开始，我们才被迫从事这种将活人当虫豸一般残杀的，令人难以置信的人体实验和开发细菌武器的冷血行为。我一边忍受良心的谴责，一边重新认识到战争的残酷事实，现在也每天都在为战争中牺牲的人们祈祷冥福。

九、大量培养跳蚤
——为了实验细菌毒性而进行人体实验

篠塚良雄（七三一部队少年队队员）

【履历】1923 年出生。

1939—1943 年在少年队工作。

1944 年作为现役兵被征召，编入关东军第五十九师团第三十二联队。

1945 年就任关东军第一二五师团军医部兵长。

1946 年 9 月混入东北人民解放军独立三师卫生部。

1952 年 6 月在河北省永年县被逮捕。

1956 年回国。

※此证言乃由于埼玉（浦和）举办的"七三一部队展"（1994 年 10 月）《报告集》整理而成。

陆军防疫研究室

1939 年 4 月 1 日，我接到了"去陆军军医学校防疫研究室集合"的指示。这个地方当时在牛込区户山町，就是现在的新宿区，数年前从这里挖出了100 具以上的人骨。那些人骨几乎都是蒙古人种，经过鉴定后证实人骨上都有人为加工的痕迹。围绕这些人骨，一些有良知的人开始行动起来，发起禁止地方政府焚烧人骨的诉讼。

　　具体来说，出土这些人骨的场所是济生会医院、陆军军医学校、防疫研究室（进门之后最里面的地方）所共用的地方。这些机关的入口共用一道通用门。当时我们三十几个同期入队的队员住在户山町清缘寺的住持家里，然后在陆军军医学校防疫研究室接受了一个月左右的教育。

　　后来才知道，这个防疫研究室是石井四郎（当时的军医学校教官）于1932年建立的，此处也是研究细菌战的发源地。我们刚进来的时候，还不知道这里是各种滔天罪行的总司令部。每日的工作只是检验滤水器的过滤管，进行初级的细菌培养以及学习培养基的制作方法等。当时想的只是这是一个卫生部队，里头的工作应该没有那么累人。

前往七三一部队

　　5月12日我们转到中国的平房地区。到哈尔滨后，我们首先被带到"吉林街分室"，这里是作为七三一部队联络点的外派机关。吉林街这个地方是由俄罗斯风格建筑群组成的一条街道。这个"分室"在一众建筑物里显得尤为坚固，队员在此处与他人接触、购物，或是为了监禁用作实验的对象而进行联络等。

　　到这里后不久，部队就派车来接我们了。我记得从这里到七三一部队所在地平房大概有25公里。从哈尔滨出发，经过香坊之后就进入军用公路，车辆就这样一直向前行驶着。

　　到达平房地区的七三一部队本部之后，首先映入眼帘的是写着"没有关东军司令部的许可禁止任何人进入"的牌子。在建筑物的周围挖了壕沟，围有铁丝网。我注意到，"一到夜里就能看到高压电流在铁丝网上流动"。

　　我们进入七三一部队的时候是1939年，部队所需的建筑物还没有完全竣工。当然，队员宿舍已经建好了。因此，我们在离我们最近的建筑物（第一栋）的左侧建立内务班开始生活。我们是后期少年队，当时我16岁，少年队年龄最大的18岁。有许多像我们这样年幼的少年被送到这里。

教　育

　　我记得到部队的第二天我们就开始接受教育。最开始是部队宪兵对我们进行教育。他们首先教授的是《军机保护法》。用一句话来说，就是绝对不可以泄漏机密，泄漏机密者将会受到军法处置。宪兵告诉我们，"这里被指定为特别军事地域，日军的飞机也不可在此地上空飞行。不看、不问、不说是这支部队的铁律"。与其说是在教我们，不如说是在威胁我们。

接着，我们学习了《陆军刑法》。"从这里逃走的人都将被视为阵前逃跑，将会被执行军法"，"阵前逃跑"是陆军刑法中最严重的罪行，与从战斗中逃跑是一样的罪行。我非常惊讶。开始的时候我还以为这仅仅是一支卫生部队，部队长官只是军医，既然如此，为什么会有如此严格的戒备，为什么要如此严格地保守秘密？这些想法一瞬间都出现在我的脑子里。但是，我当时还在幻想，既然这支部队有这么多秘密，那是不是有什么意义重大的工作在等着我们呢？确实，不能否定的是，有教育和当时社会风潮的影响，但是，在我的脑子里已经有了只要是命令，无论什么都会去做的思维。

防疫给水

在接受这种教育几个月之后，我们终于开始接受有关防疫给水方面的教育。教官向我们强调："防疫给水部要紧随第一线部队，其主要任务是补给净水以直接保持和增强部队的战斗力，同时开展防疫防毒工作。"确实，仅从防疫给水部队的任务来看，是很难察觉其犯罪性的。防疫给水部又分为防疫侦察、毒物检测、水质检查班、疫学调查班、给水班、净水班。我听说检测毒物时使用的是由石井部队长发明的，叫作"石井·胜矢式毒物检测器"的优良器材，这种器材实际上已经在使用了。现在想来，是否真的有如此好的性能，也就不得而知了。

接着学习的是疫学调查。后来又学了包括解剖在内的诸多科目，再后来又接受净水教育。我们还学习了"石井式卫生滤水机"的操作方法。卫生滤水机按照车载、驮载（牛马等）及携带等运载方式不同，分为甲乙丙丁四类。车载的滤水机装有现代化的两层平衡涡轮式水泵。滤水机的关键在于过滤管，过滤管是硅藻泥和淀粉混合烧制的，据说能过滤最小微生物。所谓最小微生物，乃是被称为蚕的病原菌的"灵菌"。听说这种机器性能好到连最小的细菌都能过滤掉。

但是,平房的七三一部队本部却并不开展我们所学习的防疫给水相关业务。防疫给水部属于七三一部队第三部,但其所在地是在哈尔滨市区,其位置在哈尔滨陆军医院的旁边,通称为"南栋"。从某种意义上而言,这很明显就是伪装。

接受了这样的防疫给水教育之后,我们终于开始接受初步的细菌教育。

保守秘密

我去的时候部队虽然还在建设中,但相关工程已逐渐完工。刚才已经说过,部队占地周长约 4 公里,四周的壕沟将建筑物围了起来,还铺设有铁丝网,上面通有高压电。进入之后,里面有警卫所,还有计时器,出入时间都需要经过严格检查,你必须向守卫出示身份证明。为了保守部队的秘密,还设有"保机队"。我不太了解保机队的真实情况,穿什么样的衣服也不太了解,对于"保机队员"仅略知一二。

后来我也渐渐了解到,这支部队对于保守秘密的工作为何严格到如此程度。与此同时,我也渐渐丧失人性。我最开始连杀动物都不敢看。接受教育期间,教官强迫我们给兔子等动物注射硝酸马钱子和氰化钾等毒物,然后看着它们痉挛死亡的全过程。教官跟我们说:"不许闭眼!"如果闭眼就会遭到鞭打。教官会反复鞭打我们,直到眼睛不再闭上为止。由于接受了这样的"教育",冷酷地看着活物死去的残忍性、残虐性被植入了我的体内。

培养细菌

我们开始学习培养细菌时,也即诺门坎事件爆发的时候。我们被动员生产大量病原菌,此时也是最早开始大量生产病原菌的时候。但是那时我们还在学习期间,对于细菌知识一头雾水。其实我们当时的工作并不是培养和提取细菌。我当时接到的命令是去研究室拿取并搬运用作培养细菌的菌株。当时江岛班培养赤痢菌,田部井班培养伤寒菌,濑户川班培养霍乱菌,研究室内分为各个班,并按各自的划分展开细菌研究。只要去看看就知道他们在培养什么细菌。我们所搬运的菌株装在 60 根试管里。一个筐里放60 根,一天要运 5 筐,这大概就是一天的使用量。

关于细菌培养问题,生产的场所在四方楼一楼,此处配备有大规模生产细菌的设备。光是大型的高压灭菌器就有 20 台,四方楼三楼有 10 台,在四方楼里面的五栋还有 10 台。还有用玻璃罩起来的无菌室。此外还配备有 4 台一次溶解一吨培养基的溶解锅。其他还有冷却所和制作蒸馏水的地方,以及准备室、孵化室等设施。孵化室还具有自动恒温功能。这座孵化室占据了四方楼右侧全部的地方。这些地方全都是由链式输送机连接的。大量生产细菌时使用的是石井式培养皿。很明显,这些细菌就是用来制作细菌武器的。

一般来说,大规模培养病原菌是为了制作疫苗,除此之外,只有细菌战的情况下才会有这种行为。制作疫苗的时候,我们一般会使用叫作"龟之子培养皿"的器材。这种器材形状像龟,用玻璃制成,头比较长,可以防止杂菌进入培养皿中。石井式培养皿的培养能力是"龟之子培养皿"的 30—40 倍。根据细菌种类不同,石井式培养皿一次可以制作 10 余克细菌。

刚才说一天要从研究室取出 300 根装有菌株的试管,诺门坎事件的时候,一天至少要培养 300 个培养皿的细菌。当时培养的有伤寒菌、混合伤寒菌、赤痢菌等细菌。这些细菌需要在孵化室里培养约 24 个小时,几乎所有的细菌都需要 24 小时的培养时间,加上操作时间的话,大概不用 30 个小时就可以生产出大量的病原菌。

这里的设备如果全速运转,一天可以同时操作 1 000 个石井式培养皿。每个培养皿都能生产十几克细菌,从数量上看,1 000 个培养皿的产量是十分庞大的。

诺门坎事件

诺门坎事件中培养的细菌是如何使用的? 我当时也参与了相关工作。当时,我将提取出来的细菌放入装有胨(培养基)的瓶中,这个瓶子是容积 500 克的广口瓶。我在将细菌放入经过灭菌处理的瓶中之后,再将其搬运至无菌室。首先,用胨、肉汁、食盐和调整过酸碱度的液体将菌液稀释,然后再将甘油倒入菌液中。我认为倒入甘油大概是为了防止菌液酸化。最后将稀释好的菌液倒入汽油桶内进行密封,再将汽油桶装入周围放有干冰的木箱,之后用草席包上。我们轮换着搬运这些汽油桶。

运送的目的地是将军庙。将军庙是诺门坎战役的前线基地,当时由一位士官指挥几个人轮流将这些汽油桶搬到将军庙。我也曾参加过一次这样的工作。

有关这个细菌是怎样使用的,因为我并没有参与其使用的工作,所以并不了解详细的情况。但是,我有两个同期的朋友因为会开车而加入"碇挺身队"。从他们回来之后的窃窃私语中了解到一些情况:他们将装有细菌的汽油桶打开一个口子,然后再扔到哈拉哈河上游的霍尔斯顿河里。在诺门坎事件结束后的当年9月,细菌战的结果开始显现了。从诺门坎战场回来的日军部队中开始出现大量传染病患者,石井部队急急忙忙地检查这些病患的粪便,我也被动员去参与相关工作。当时我们不眠不休地进行粪便检查,一旦发现细菌宿主就立即将其隔离。

繁殖跳蚤

1940年,我们被动员开始生产跳蚤。相关工作在四方楼三楼的暗室中进行。在暗室中有一个架子,架子上并排摆着类似汽油桶的容器,桶里装有带壳的小麦。我们把普通的黑老鼠放在仅能容身的笼子里,然后将笼子放在装有稻壳的汽油桶里。我记得当时暗室里的温度、湿度都相当的高,湿度超过70%,温度应该接近40度。我们被命令每天要轮流查看一次情况,如果有老鼠死了,就换一只活的进去。这项工作是从1940年春天开始的。

我记得应该是到了秋天的时候,上级命令我们将跳蚤与稻壳分离。这项工作也是在暗室中进行的。在暗室里有一个台子,台上放着装下一个成年人也绰绰有余的浅浴缸。浴缸的一侧装有一个红色灯泡,底部有一个小洞,小洞的下面是一个玻璃制的液量器。我们将汽油桶从架子上取下,将老鼠转移到其他桶里,再将稻壳和跳蚤放入浴缸中,将红色灯泡点亮的同时跳蚤立刻逃向了暗处——这是跳蚤的习性。跳蚤跳向暗的地方,自然就会跳入小洞下面的液量器中。跳蚤一般只能跳30厘米,所以是不会跳出浴缸的,也不会从液量器中跳出来。

因为我没有参加使用跳蚤的工作,所以也不了解情况。但是,根据从其他人那里听到的消息,最容易感染鼠疫的动物就是老鼠和人类。在鼠疫流行之前肯定会有很多老鼠死亡。我们首先给老鼠注射鼠疫菌使它受到感染,然后让跳蚤寄生在老鼠的身上,再将这样的老鼠从低空飞行的飞机上丢落。虽然这样老鼠会死亡,但是根据跳蚤的习性,它们会从身体冷却的动物尸体上离开,接下来就会寄生到人的身上。跳蚤会让人感染腺鼠疫。我认为七三一部队就是以这样的方式让鼠疫流行起来的。

化学武器使用者

1941 年 7 月,"关特演"开始,七三一部队少年队随之解散。我同期的很多人作为防疫给水要员被派往各地。此时我因盲肠炎住院,病愈后被配属到七三一部队第四部第一科柄泽班。这个班的任务主要是大量生产病原菌。

我被配属到该班之后,上级对我下达了"化学武器使用者"的指令。我虽然不明白我作为一个处理细菌的,为什么会成为化学武器使用者,但不久后就知道上级已经下达大量生产病原菌的命令。根据"关作命(关东军作战命令)第×号"的命令,我们开始生产细菌。除此之外,当有传染病疫情发生的时候,我们也假借"防疫"名义赶往现场。我曾经两次参加过这种任务,当时去的地方是"新京"附近的农安地区。

我被命令做的第一件防疫工作,就是收集死老鼠。我们将老鼠的尸体带进帐篷里,然后切开老鼠的腹部并涂抹培养基。这样做的目的是在老鼠尸体上培养能大量产生病原菌的菌株。将死去的老鼠全都收集好以后,接下来就是去抓活老鼠了。我们会将出现过鼠疫患者没有人的地方,还有住户被隔离或染病身亡的房屋围起来,然后点火焚烧,这样一来老鼠就会从这些地方逃出来,我们将老鼠抓住后就返回部队。这些工作都是我们打着"防疫"的旗号来进行的。

毒性试验

柄泽班也会以活体实验和活体解剖来验证生物武器的毒性。生产出来的细菌没有感染力的话,是不能被使用的,没有杀伤力也不能被使用,因此我们一直专注于如何生产毒性和杀伤力都比较强的细菌。

一般性动物试验中，都会选择消耗大量小白鼠和硕鼠来推进研究。但是更快速的途径还是人体实验。我用活体实验的方法杀害了五个人，地点是在特别班。在四方楼中央有两栋二层建筑物，它们被称作七栋、八栋，在这里面有解剖室。走廊的尽头也有解剖室。我们是在八栋的实验室和解剖室里进行活体解剖的，解剖内容与疫苗相关。

当时，据说七三一部队在开发针对鼠疫的"包络疫苗"。这是为了制作出比其他国家更有效的鼠疫疫苗，同时也是为了制作出更强力的鼠疫菌。我们使用各种各样的方法对这五个人注射疫苗，或者不注射疫苗，直接注射鼠疫菌以观察他们的反应。

没有注射疫苗的人发病最快。我从一开始就认识那个人，感觉他是个头脑明晰的知识分子，他被我们盯着的时候只会将自己的眼睛低下来。这个人是第一个感染者。随着鼠疫病情的发展，他的脸开始变黑，进而全身都变黑。虽然他一息尚存，但还是在赤身裸体的状态下被特别班的班员搬运到了解剖室。

我被命令用大刷子给他刷洗身体，先从脸开始洗。我按照命令给他洗刷身体，但是，当时连脸都要用刷子清洗，这让我还是犹豫了一下。我看了一下拿着手术刀站在旁边的人的脸色，他命令我："快洗！"我只好用刷子把他的脸洗了一遍。有一个人拿着听诊器听了一下实验对象的心率。那个人将听诊器放下的同时，解剖开始了。我在解剖结束的同时，将用银耳勺（银线器材）取出的鼠疫菌涂抹到培养基上。

在不足两个月的时间内五个人就这样被我杀害了。特别班班员将受害者的尸体送到焚尸炉烧毁，连骨灰也没有留下。

中国的宽大措施

我犯下了这样罪大恶极的罪行，虽然是愚蠢地接受命令而执行的，但是作为执行者的我自然是有责任的。

战后我被关押在抚顺战犯管理所。日本人用残忍的方法夺走了许多中国人的生命，害得中国生灵涂炭，但是中国人秉持"恨罪不恨人"的心态，经常用和善的态度和良好的待遇来对待我们，允许我们进行文化、体育活动，还给予我们读书与学习的机会。

在这样温暖的环境中，我从小学时期就被灌输的美化战争、将侵略正当化的思想和各种歪理邪说都从脑中被一层层剥离了。了解到真实情况后的我感到无比羞愧，我知道我犯下了作为人类来说不可饶恕的罪行。

1956 年 7 月，中国政府用"以德报怨"的宽大政策免除对我的诉讼，还让我带着土产回到日本。

我怀着赎罪的心态在此做证。

【解说】细菌战

防疫和细菌战

战争中经常会发生疫病。恶劣的卫生状态和营养不良等原因，都会导致在战场上流行各种各样的疫病。战时最有名的六大传染病分别是霍乱、副伤寒、斑疹伤寒、痘疮、赤痢、鼠疫，经常会出现士兵们在与敌人作战之前不得不先与疾病作斗争的情况。

战争医学(军阵医学)的目的就是在暴发疫情的情况下维持己方兵力，尽快治愈染病患者并将其送回战场。"防疫"可谓是战争医学的中心课题，因此，相关医学活动也被限制在战场的后方。

但是，石井四郎及其所建立的七三一部队和该部队的五个支部颠覆了以往的常识和规则。也就是说，如果暴发疫病的原因是细菌的话，那么大量生产细菌并将其扩散开来，就可以大量杀伤敌人，因此细菌完全可以作为武器来使用。实际上就是对战时六大疫病所包含的 20 种病原体(细菌、病毒、立克次氏体微生物)进行研究，并将"有效"的细菌(鼠疫、伤寒、霍乱、炭疽等)开发为进攻性武器并应用于实战。至此，医学从后方的防疫任务变为前线作战的"杀人"武器。

但是，细菌战部队对外还是称作"防疫给水"部队，不能叫作细菌战部队。但是实际参与细菌培养和研究的队员们都供称："虽然听说部队的工作是为了防疫，但是如果看到或听说航空班所做的空投试验和安达实验场的野外试验的话，任何人都能立即明白我们的部队实际上是在做什么工作。"

为了细菌战而进行活体实验

如何提高细菌作为攻击用武器的威力？如何才能保证最有效地散布细菌？这些都是七三一部队研究的主要课题。

从 1938 年开始的四年间，在七三一部队高桥班参与鼠疫研究的镰田信雄（72 岁）做了以下陈述（采访于 1995 年 10 月）：

> 鼠疫班的目的是要提高鼠疫菌的浓度。为此，最为有效的，最为快捷的方法是通过人体（"马路大"）进行实验。人体试验获得的结果，要远比在老鼠身上所做实验更为有效。

> 我曾见过他们对感染肺鼠疫的"马路大"进行解剖，对"马路大"进行活体解剖的目的，是为了提取浓度更高的鼠疫菌。多数情况下杂菌会混入肺部和淋巴腺的组织，所以纯粹的鼠疫菌几乎都是从血液中提取的。然后他们会再将这些血液注射到下一个实验对象体内，如此循环下去，鼠疫菌的浓度也就提高了。我记忆中一般会提高到通常浓度的 12 倍（据说就算现在也不可能将毒效提高到如此程度）。

> 我从数名原细菌部队队员口中听取到同样的证言，也就是说，活体实验，即活体解剖的目的并不是为了获取医学数据，归根结底不过是为了开展细菌战而产生的派生品罢了。有关这一点，《七三一部队的犯罪》一书中多次强调，平房和其周边地区（如安达县等）的日本医师很容易开展各种人体实验，这也证实日军细菌战研究工作造成了极大的破坏。

细菌战所造成的破坏

1940 年开始，"防疫给水部队"显露出细菌战部队的本来面目并开始实施细菌战。细菌战主要在 1940 年、1941 年、1942 年这三年集中展开。

相关事件已经可以从伯力军事审判的记录以及 1945 年至 1947 年美军的四次调查活动报告中了解概况。近年来中国方面出版的资料［中国中央档案馆等编《细菌战与毒气战》的编译本《证言·细菌作战》（同文馆）］，1993 年由吉见义明等人介绍的日本军参谋本部作战课员井本熊男中佐的业务日志［《季刊·战争责任研究（第二号）》（日本战争责任资料中心）］等，这些文献帮助我们从受害者和加害者双方视角对历史进行审视。1995 年 7 月出版的《侵略中国和七三一部队的细菌战——日军细菌攻击给中国人民带来了什么》(明石书店),通过对当地幸存受害者的采访,详细介绍了细菌战的情况。

以下是我这段时间的调查,以个案为中心对细菌战造成的破坏所进行的简单记录。详细内容请参照《侵略中国和七三一部队的细菌战》以及电影《侵略第六部·细菌战——来自浙江的控告》(1995 年 12 月完成,60 分钟)。

1940 年 9 月,哈尔滨的七三一、南京的一六四四两支部队,接收浙江省杭州市笕桥国民党中央航空学校,以此为基地对浙江省各地开展细菌攻击。其所使用的细菌有霍乱、伤寒、鼠疫等。鼠疫据说是最为"有效"的。最初的攻击地是衢县(10 月 4 日),接着攻击宁波(10 月 27 日)。紧接着,11 月 27 日、28 日对金华实施攻击。金华是当年最后的攻击地点。

上述细菌战攻击都使用鼠疫武器,发动攻击时由飞机从低空散布沾染鼠疫菌的大豆、麦粒和玉米粒。根据记录,衢县受害最惨重,死者多达 274 人(防疫时一般采取隔离和焚烧房屋的手段,因此很多病人或家庭没有来得及上报便去世了,算上这些人的话有可能要超过 500 人)。此外,宁波的死者有103 人,金华有死者 160 人。

1941 年 11 月 4 日,细菌战部队对常德实施攻击。与前一年相同,使用的是投放带有鼠疫的跳蚤的战术。根据记录,日军造成 36 名死者。受害人数不多是因为中国方面开展了迅速且严密的防疫行动。

1942 年日军在浙赣作战的同时也开展了细菌战,此次作战以破坏浙赣铁路沿线的国民党航空基地为目的。在由地面部队和航空队实施攻击之后,日军以在撤退时撒下细菌为主要作战形式,这是为了给返回的国民党军队和居民造成杀伤。

原南京一六四四部队队员卫生兵小泽武雄于 1942 年 8 月参加了此次细菌作战。他的证言极为珍贵,因此在此陈述一下其证言要旨,内容如下(1995 年 9 月采访):

作战是在 1942 年 8 月中旬开始的,我们傍晚在南京一六四四部队的飞机场乘坐两架小型运输机出发。每架飞机载有 5 人，一架飞机起飞失败，只有小泽所乘飞机到达目的地（只知道是浙江省，具体位置不清楚）。大概飞行了 30 分钟，着落的机场经过炮击，可以看到到处都是弹坑。我们等到天黑以后开始行动。小泽等 5 人的腰间都悬挂着大概 10个汽水瓶，手里也拿着 5 个以上的瓶子，他们都是能拿多少就拿多少。瓶中黑压压的塞满了带有鼠疫的跳蚤。他们的目标是国民党军队的宿舍。由于日军的攻击，宿舍里已经没有人了。小泽等人立即单手拿着手电筒潜入宿舍的床下，然后打开瓶盖，迅速地将跳蚤放了出来。

小泽等人的装备都是普通的军服，而且也未打疫苗，如果被跳蚤感染就会被杀掉。行动缓慢的话，天亮以后敌人就会回来。他们面对着两方面的威胁，拼命地进行作业。任务结束以后他们将瓶子埋入土中，然后撤退。但是，来时所乘的运输机已经返回南京，小泽他们在酷暑中用了三个月时间才返回南京。

这是典型的阴谋性细菌战，即便是这样也是在没有任何防御措施的状态下将带有鼠疫的跳蚤交给下级士兵，可见上级完全没有考虑下级的“安全”与“防疫”。

这样的细菌战导致玉山、江山、常山、广丰、衢县、丽水、金华、义乌等位于铁路沿线的城市在 7 月至 9 月间受到细菌战的毒害。江山地区，日军在路边放置带有霍乱菌的月饼，在街道上也放置带有霍乱菌的饭团，由此有 100多人被杀害。日军在 8 月 31 日从衢县撤退时将鼠疫、赤痢、伤寒、霍乱等细菌投放到河流、水井、住家中，由此导致约 2 000 人死亡。日军还将炭疽菌投入流经金华市的武义江中，导致约 100 人被杀害。他们还利用飞机低空播撒鼠疫菌，造成义乌县崇山村 382 人（包括临近村子的受害者，总共约有 1 000名村民）被杀害。

这些只是损失调查中的一部分，仅浙江省从 1940 年至 1942 年全省多地受到细菌武器的毒害，今后有必要继续进行调查。

（森正孝）

十、写有"请勿倒置"的汽油桶
——防疫研究室屋顶上有水缸和汽油桶

伊藤荣三（防疫研究室）

【履历】1921 年出生。

　　　　1938 年作为军属进入防疫研究室执行勤务。

　　　　1942 年转入近卫步兵第一联队。

　　　　1945 年日本战败时位于上海。

※此证言乃由"禁止支出焚烧人骨所用公款的诉讼请求"一案所准备的陈述书整理而成。

防疫研究室

　　我于 1938 年 4 月毕业于千叶县的初中。石井四郎家就在我家附近，他的姐姐介绍我去参加防疫研究室的考试。我当时考了满分，随后作为军属被录用。

　　最开始我干的是清洗试管之类的杂活，之后在军医学校教官内藤良一的手下制作细菌培养基。当时在防疫研究室的地下室内生产大量的伤寒和鼠疫疫苗。我们一边做着工作，一边还要每周在研究室内学习两次中文。

　　我虽然是防疫研究室人员，但是 1938 年我加入的时候研究室的人员已经多达 150 余人了，我 1942 年辞任的时候已膨胀到 600 余人。石井四郎很关照我。当时石井四郎频繁地利用所泽的飞机往返于日本和哈尔滨之间，是为了去位于哈尔滨郊外平房的七三一部队。

屋顶的水缸和汽油桶

　　这是我刚进入防疫研究室的事情。防疫研究室的屋顶上摆放有水缸和汽油桶约各十个。中国制造的水缸中装着人头，汽油桶中装着人的身体和手足，加起来大概有四五十个。这些肢体似乎在很久以前就浸泡在福尔马林液里了，都已经呈现出茶褐色。汽油桶上写着"请勿倒置"。

　　在更换福尔马林液的时候我们需要对这些肢体进行清洗，那时我发现人头都是被刀切下来的，切口很不整齐，其中还有女性和小孩的人头。这些肢体都属于防疫研究室的"九研"。据说这些肢体都来自被杀害的"满洲马贼"。石井为了在军医学校进行教学活动或是制作标本而请求关东军将这些肢体送过来的。

据我所知，除这些之外再没有人体标本被搬运过来，大概总数也是没有增减的。放有水缸和汽油桶的楼顶是禁止进入的，谁都无法自由进出该地，所以基本没有人知道这些人体残肢的存在。后来，内藤良一指示在屋顶上建造房屋配件，这些人体残肢也被转移到了六角讲堂附近。

日军在新加坡也建立了和七三一部队有同样任务的防疫给水部队，我当时准备和内藤良一一同去新加坡，但因感染了炭疽病，只得入院接受治疗。在我住院期间内藤出发前往新加坡，那时大概是 4 月份。

战　后
战后我去新宿区若松町的石井四郎家中拜访过他。后来我又去了东京的卫生研究所。我能在自治团体的卫生研究所和港口做检疫工作，恐怕也是拜防疫研究所的"成果"所赐。

十一、烟囱中飘出的黑烟
——感染鼠疫而死的尸体渐渐被烧掉

小笠原明（七三一部队少年队队员）
【履历】1928 年出生。

1943 年 4 月进入七三一部队少年队。

1944 年 4 月被配属到第二部（实验部）第二科田中班，为了培养鼠疫菌载体而从事繁殖跳蚤的工作。

1945 年 8 月向日本撤退途中加入中国人民解放军，历时四年。

1949 年回国。

※此证言乃根据石川（金泽）"七三一部队展"（1993 年 11 月）、栃木（宇都宫）"七三一部队展"（1994 年 9 月）、冲绳（那霸）"七三一部队展"（1994 年 1 月）、广岛"七三一部队展"（1994 年 3 月）等的《报告集》整理而成。

我于 1943 年 4 月进入七三一部队。1937 年中日战争爆发，次年 5 月我大哥在中国徐州战死。听小学的班主任说："你大哥是被'中国佬'（对中国人的蔑称）杀死的，一定要为你大哥报仇。"1941 年 12 月 8 日，太平洋战争爆发，我认为当时在战斗中一个人能杀很多人的话就是立了大功。

进入七三一部队

基于上述理由，我没有读中学，而是进入了高等小学（高等科）。1943年，我参加陆军少年航空学校的考试，幸运地取得了合格成绩。一周以后，我先去小仓宪兵队，接着又到下关宪兵队，那里聚集着一些跟我年龄相仿的人。有人提问："谁想坐飞机？"我举起了手，于是那个人就说："那就马上来关东军吧，跟你的家人联系一下。"我当时还以为他说的关东军是日本关东某个地方的航空学校。那天夜里，我乘坐军队的运输船出发，次日早晨到达朝鲜釜山，在那里乘坐火车前往"满洲"。途中有很多朝鲜女子上车，我的伙伴中有人调戏她们，有几个女子抗议道："我们都是为了日本人去工作。"率领我们的军曹说："她们是要去当'从军慰安妇'的，别搭理她们。"到"新京"之后，我才知道关东军的司令部原来在这里。在"新京"我们做了最终考核，上级对我和三个同乡说："你们去哈尔滨！"到达哈尔滨以后，让我们惊讶的是，在站台上竟然摆着被朝鲜人安重根所杀的伊藤博文的胸像，我们对他进行了参拜。伊藤博文竟然在站台上被人祭奠，真是吓我一跳。

我们被带到哈尔滨车站附近的吉林街分室，后来才知道这里是平房总部的联络站。4 月 9 日、10 日前后我们乘坐卡车前往关东军防疫给水部，即通称的七三一部队本部。我看到锅炉房的大烟囱中冒出滚滚浓烟，感觉真的像是在做梦。在这个大草原上突然出现这样庞大的建筑群，是很让人惊讶的。

靠近锅炉房时，带领我们的人说："看看那里"，我们就看见有很多的飞机。最大的飞机是"吞龙"重型轰炸机，在它的旁边是小型的"隼式"战斗机，当时我高兴地想："来这里真好。"

作为少年队队员接受教育

我被配属到了防疫给水部少年队。在少年队有作为前辈的一期生,我们二期生是在 1943 年 4 月 15 日入队的。那时的教育部长是园田太郎军医中佐,我们少年队队长是田部邦之助军医少佐。虽然我们要接受学科教育,但前辈告诉我们来到这里首先要记住《军人敕谕》。我们对"军人敕谕"毫无了解。从京都来的老兵细川跟我们说:"举行入队仪式那天算是个节日,但是从第二天开始背不下《军人敕谕》的话就要被打个半死。"此外,《军队内务令》《陆军礼仪令》《步兵操典》都是要牢牢记住的。

除了军事学相关科目,我们还要学习英语、德语、"满洲语"——也就是中文,此外还学习数学、物理、化学、生物,之后又学习细菌和防疫给水的科目。

标本室

那年 6 月末,我记得我们为迎接部队的成立纪念日而进行大扫除。在部队主楼二楼队长室附近有一个标本室,包括我在内的三人被叫去清扫那里。进入标本室之前宪兵曹长高取对我们说:"今天在这里看到的东西,无论是回到内务班,或者将来在哈尔滨见到朋友时,都绝对不要说。要坚决保守秘密!"

打开门的时候,我看到一个头颅的标本。那一瞬间,突然有一种想要呕吐的感觉,我赶紧闭上眼睛。标本箱里的头颅,瞬间给我的印象是"俄国佬"的头颅。白色皮肤,高鼻梁,头发的颜色是红、黄相间的。这个标本旁边是因破伤风细菌而死的人的标本。破伤风病人会身体弯成弓形而死。这是一个全身的标本。

在这个标本的旁边,是气性坏疽标本,这个标本大腿以下部分全被切除。标本脖子以上的部分惨不忍睹,实在难以言喻。

清扫到房间更里面,看到对赤痢、肠伤寒、霍乱等消化系统传染病死者进行病理解剖后制成的标本,数量很多。病理解剖后会将胃、肾脏、脾脏、肝脏、肠的部分组织制作成标本,这些器官不像人头那么恐怖,我可以壮着胆子看一看。

我们三人迅速完成清扫后离开标本室,高取曹长又跟我们说:"今天所看到的东西绝对不要和任何人说,否则'军法处置'!"

我常听前辈们说"今天又对'马路大'如何如何",我认为这些"马路大"都被他们做成标本摆在那里展示。在 15 岁这样小的年龄看到这种标本,实在令人毛骨悚然。

"马路大"

在去研究室实习的时候,我经常听到前辈们说"马路大"这个词。我问前辈:"'马路大'到底是什么人?"前辈告诉我说:"那些是俘虏、间谍等,总之都是人渣。已经起不到任何作用,所以我们把他们作为材料而聚集起来。虽然保留着人形,但是他们在'中国佬''俄国佬'中也是最坏的渣滓。把他们当做木棒,是不会有问题的。"

"马路大"在德语中是材料(Material)的意思,当时部队就教育我们把实验对象当作木头。我的哥哥是被"中国佬"所杀,因此一直对他们抱有仇恨的心态,对"马路大"自然也就没有什么怜悯之心。

配属到田中班

为期一年的教育结束以后,1944 年 4 月,我与其他八名少年队的队员一起被配属到第二部第二科田中班。当时部长是碲常重军医中佐,科长是田中英雄少佐。田中少佐不是军医而是兵技少佐,回到日本以后,他当过大阪市立医科大学校长,之后成为私立兵库医科大学教师。

在田中少佐之下,还有田中淳雄军医大尉,他曾就读于京都大学医学部和农学部。另外,还有阿部德光药剂大尉、松田兵技中尉、米泽卫生中尉,下级士官有浜崎曹长、小山曹长、田冈军曹、中井军曹、渡边伍长等现役士兵。田中班总人数超过 70 人,大多是和我一样的军属。

在田中班,最初让我们学习的是小动物学,特别是观察老鼠的习性。让我们先观察在不给老鼠食物的情况下,多少天以后它们开始同类相食。温顺的小白鼠开始同类相食的时间较晚,但是日本有种"野鼠"在两三天以后就开始同类相食。这种观察是为了让我们克服对死亡的恐惧感。

位于七三一部队本部的田中班建筑物

接下来就是使用老鼠进行跳蚤繁殖工作。阿部大尉手下的雇员里有一位来自千叶县的大野先生，我们当时就是跟着他学习这一工作的。我们在实验室中学习使用下水道老鼠、小白鼠、小的茶色花鼠和白色的小老鼠来培育跳蚤。

我不知道他们要用跳蚤来干什么，有一个叫作本多的老雇员郑重地对我说："一只跳蚤都不能让它白死，每只跳蚤都有相当于一辆坦克的战斗力。你们要好好学习，尽量多地繁殖跳蚤。"本多先生并不直接指导我们，他是在我们给跳蚤分类的时候，特意跑来说这些话的。

"马路大"的病历卡

我是田中军医大尉的值日生，他命令我每天早上都要清扫他的房间。我在给他清扫房间的时候，不经意间看到放在桌子上的病历表（或是病历卡），总之就是卡片一样的东西，上面画着人体图，详细地记录着鼠疫跳蚤会附着在哪个部位，会造成怎样的结果。上面还写了"孙"这一姓氏。一张一张地翻开之后，我还看见了"马""冯""刘"等字。

名字的下面有德语和日语做的记录。我学习过德语，单词还是能看得懂的。上面写着"鼠疫跳蚤附着至此处会出现红肿，约两天后会引起淋巴病变"。当时时间不够，我只看到这些。

这些卡片中的名字五到十天就会变动。我想这些病历卡就是田中班进行鼠疫人体实验的证据吧。病情发展快的话，到第三四天的时候，这些"马路大"基本都会死去，最长也不会活过一周。这让我认识到鼠疫拥有可怕的攻击力。毫无疑问，田中班为了制造鼠疫炸弹而在人体上进行细菌感染实验，这一点我可以做证。

焚烧尸体

我之所以如此肯定，就是因为位于我们田中班与本部研究室之间的焚烧炉每天都冒着滚滚黑烟。那时我就判断，正是由于田中班的鼠疫实验才导致受害者的尸体不断被焚烧。

当时，我有五名前辈在第一部冈本班实习。听前辈们说，他们每天都在对尸体进行处理（即解剖），一般情况下解剖完的尸体必须要完整缝合，但是无论是冈本班，还是战后做过金泽大学医学部长的石川太刀雄丸的石川班，他们做完解剖并取出用来制作标本的肝脏和脾脏之后，就直接把切割得乱七八糟的尸体扔进焚尸炉烧掉了。

细菌研究

当时上级命令我每天去领取 2 000—3 000 毫升"马路大"的血，然后让跳蚤吸食，并观察跳蚤是如何生长的。

我经常会去第一部。在第一部有各种各样的细菌研究室。我去的是叫作二木班的地方，这里表面上是进行结核研究并研究制作名为 BCG 的结核疫苗的地方。在那里有跟我同期的大分县人谷口。结核菌是很挑剔的细菌，因此要用鸡蛋培养基作为主体来繁殖。所以，我去那个研究室的时候，就会看到很多的鸡蛋被放入蒸锅里煮熟，我吃过那里的煮鸡蛋。

我主要是协助有关鼠疫菌的人体实验。除此之外还有从事对炭疽、肠伤寒、赤痢、霍乱等各种细菌研究的班，在那里少年队队员被配属从事各种各样的工作。每次见面的时候，大家会说我们这里是做这个的，他们那里是做那个的。因此，我认为七三一部队的各科都在制造生物武器。

四方楼内院有关押"马路大"的小屋子。后来知道那里叫作七栋、八栋。我看到那个小屋子的铁栅栏里有人伸出手，他们拿着白馒头比划着要给我们吃，但他们只是实验材料。

少年队队员年岁都还小，虽然不知道上面的大人物是否会对我们宽松些，但我们可以较为自由地去各研究室转转。因此相较于一般队员，我们对于七三一部队的情况了解得更多一些。吉村班班长吉村寿人，战后成为京都府立医科大学校长，这个人在森村诚一先生出版《恶魔的饱食》一书之后，在《每日新闻》上发表了"原少年队队员虽然说七三一部队存在杀人行为，但少年队员和下级队员的话没有任何可信度。七三一部队没有做过这样的事情"的言论，我现在还记得，当时读到这篇文章时的气愤心情。

七三一部队干部当中，有很多人在战后成为国立大学医学部的部长，或是在病理学研究所担任要职，他们中没有一人提到过七三一部队的真实情况。不仅是上层，少年队队员中也有很多人，现在依然"严守秘密"，不愿意提及当年的事情。

细菌炸弹及毒气实验

有关细菌炸弹，在田中班的时候我曾做过为陶瓷炸弹填充细菌的工作，此外我们有时也会进行低空空投老鼠或跳蚤的实验，这种实验进行过多次。试验的目的在于确认跳蚤可以扩散至什么程度，被跳蚤附着的老鼠的行动范围可以达到多大。我也曾协助过这些实验。

七三一部队似乎也进行过毒气实验。这是我最近（1994年8月）从原少年队前辈草薙先生处听说的，他曾经在齐齐哈尔五一六部队工作过，那里是关东军化学部。那里的毒气部队来到七三一部队本部并进行毒气实验。实验场在哈尔滨北面的安达。安达建设飞机跑道的时候，我们少年队队员也去帮忙，细菌实验也在那里进行。

在安达都进行过怎样的实验，我虽然不太清楚详细情况，但毒气实验应该是由五一六部队进行的。我知道毒气是在广岛地区一个叫作大久野岛的小岛上生产的。那个时候这些情况绝对不可以泄漏，我只知道那个岛位于濑户内海，属于竹原海域的小岛，此外具体情况我也不太清楚。根据前辈所说，不仅是五一六部队，七三一部队的林口、孙吴、海拉尔以及牡丹江各支部都进行过毒气实验。

撤　退

1945 年 8 月 9 日,苏军飞机投下的照明弹照得黑夜如同白昼。部队需要立即撤退,因此要彻底销毁一切证据。

关押的"马路大"全都被毒气杀死了。据草薙前辈所说,当时用的不是氰酸毒气,而是氯系毒气。前辈搬运尸体时看到尸体的脸,他由此确认使用的不是氰酸毒气,因为氰酸毒气会引发痉挛症状,进而导致死者面容扭曲。

我进入七栋、八栋的时候是在 8 月 10 日前后。我们将"马路大",也就是牺牲者的尸体从各囚室中搬出,然后运到后院里,把尸体全都扔到坑里焚烧。我当时因为刚接受过盲肠手术,身体还不能正常活动,因此只搬运两三具尸体。总之,那时只是服从命令机械地行动,自己并没有任何感觉,但也会去想为什么要把这么多人都烧掉。

8 月 12 日、13 日前后,我们从平房乘列车向南方撤退,应该是往通化方向去吧,具体我也不清楚。

南下的时候听到一些传言,比如日本已经化作一片焦土什么也没有了,又或是朝鲜发生叛乱,我们也许不能安全回国之类。听说前辈中也有很多人在奉天(今沈阳)附近苏家屯下车的。我坐列车离开奉天一个多小时后,在一个叫宫原的地方下车,最终加入中国人民解放军。

决心说出事实

回到日本以后我曾与七三一部队的干部聊过,他跟我说:"做那些事情是为了国家,我们绝对没有错。"一开始,我也认为我们不能随意说出七三一部队的事,对父母、兄弟也没有透露过任何的信息。

大概是十年前,我开始定居广岛,我听说讲述核爆经历的人在不断增加,他们向小学生、初中生、高中生诉说当时的惨状。广岛在每年的 8 月 6 日都会举行慰藉亡灵的活动,但是这让我想到被七三一部队所杀害的人不能如此被供养与慰藉的事实。

广岛的解说人员中有一位因原子弹爆炸而失去双腿的女性,她对我说:"你们可以通过诉说战争的真相来祈祷永久和平的到来,在这一点上我们彼此是心意相通的。"以此为契机,我鼓足勇气,从 1992 年开始,为了填补历史空白,也为了可以让牺牲的人们得到慰藉,我选择在大家面前说出七三一部队的真实情况。

十二、建设"马路大"监狱
——我也曾作为宪兵"抓捕马路大"

志麻田实(匿名)

【履历】1918 年生。

　　　　1938 年 1 月加入七三一部队(建设班)。

　　　　1939 年 4 月加入"新京"的关东宪兵队。

　　　　1945 年作为战犯被扣押。

　　　　1956 年由中国最高人民法院宣布释放。

※本证言来自 1995 年对证人的采访。

　　我成长的地方离石井四郎的出生地很近。我第一次看到石井四郎时,他是一个身高一米八左右非常壮实的人,胡子一直长到鬓角处,人中上也留着八字胡,他的厚嘴唇和脸型跟明治天皇很像,我当时就想:"作为军医来说,这张脸真是够可怕的。"

　　我从 1938 年 1 月开始的一年间,都作为军属在石井部队中工作。当年在哈尔滨南部的平房建设七三一部队相关设施时,我负责建筑物内部工事,当时建设单位是铃木组。

　　1932 年前后,作为七三一部队前身的研究所,于背荫河建立。为了从事相关建筑工作,石井的故乡千叶县山武郡千代田村加茂的居民中有约 20 人被动员到中国参加工事。石井把做木匠的亲戚铃木茂叫到背荫河,让他从事各种建筑工作。后来铃木的业务逐渐扩张,并成立承包土木建设的铃木组,同时也担任组长职务。

　　在背荫河的研究所工作的诸人,一年后回到故乡,但是也有几个人留在"满洲",铃木便是其中之一。从背荫河回乡的人们被下达封口令,绝对不许跟他们的家人、亲戚提起这一年来发生的事。后来这批人基本一直从事农活,在 1937 年石井部队再次招募员工的时候,他们都率先报名。

那时候,我也收到叔父邀请。我们家是自耕农,我作为家中长男,自己也想让家里过得好一点,在获得父母同意后我也报了名。

建设七三一部队

1937 年 8 月至 9 月,跟我一同作为军属被招募的,有以石井出生地为中心的多地的木匠、泥瓦匠、铁皮工、杂役等 20 人。我和他们一同去位于东京牛达的军医学校,我们在那里接受录用考试。所谓的考试,不过是走过场,我们所有人都取得合格成绩。第二年我们集体前往“满洲”。

根据招募我们时所签合同的规定,我们都是石井部队的员工,但是到哈尔滨之后,我们全体和铃木组一起工作。七三一部队的建筑业务、工作的分配及佣金之类,全部由铃木组负责管理。不过从身份上来说,我们还是石井部队军属,所以伙食和工作服都由该部队提供。我们住的地方也是在机关宿舍里,后来我们也和部队人员一起生活。

当时我的日薪是 2 日元 80 钱,木工和泥瓦匠的日薪是 3 日元 50 钱到 4 日元 50 钱,杂役是 2 日元 80 钱到 3 日元 20 钱。我的工资是最低的。

我们去的时候,部队的外部工事已经基本完成。承包外部工事的是松村组。我们千叶班(从石井四郎老家来的人)主要工作是建筑七栋、八栋内部关押“马路大”的囚室,此外我们还把灭菌器、X 光器材、试管等各种玻璃器材,以及动物笼、书架和消毒用浴缸搬运至各研究室,安装工作也是由我们负责的。为了防止泄露七栋、八栋内部设施和器材配置等秘密,七三一部队绝对不会雇佣价格便宜的中国工人,之所以雇佣我们这些石井的同乡,就是为了保守秘密。

研究器材是日本特殊工业株式会社(“日特”)送来的,我们抵达的时候,当地已有两三名“日特”派来的社员。除此之外还有五六个在当地雇佣的人,他们和“日特”的人一起负责安装七栋、八栋以外的器材。

在被称为四方楼的三层建筑物所围起来的土地上,有两栋两层建筑物,从外面根本看不到它们的存在,这两栋建筑物就是用来关押人体实验受害者的七栋、八栋。我们过去的时候,因为建筑物内部在入口和深处间存在落差,我们只能看到里头的几个房间,房间里面的构造完全看不清楚。

一开始去施工现场时,建设班的工藤技术员跟我们传达了石井四郎的命令:"七栋、八栋内部工事,今年(1938年)之内必须要完工。有关部队的业务问题,你们不许向任何队员打听,乱说话的人将受到重罚。"

七栋、八栋的内部工事

我们的工作首先就是给八栋已经完工的房间刷墙。七栋、八栋都是两层建筑物,一楼和二楼的入口处有三个房间,内部有四个房间。我们给八栋的房间刷完墙之后,又去给七栋的房间刷墙。在刷完28个房间之后,我们又对正中间的小房间进行施工,开始将混凝土浇灌到这一区域。

这些小房间的正面宽度约2.5米,内部深度约3米,地上铺有木板,设有厕所。正中央有用来监视的走廊,房间被夹在中央,一楼二楼加起来共有40个囚室。如果七栋和八栋的设计是一样,那就说明有可以关押80人量的房间,但是施工期间我因为征兵工作回老家,并没有看到工程完工。每个房间入口的铁门上都有窥视窗,房间角落的厕所上方有采光用的铁栅栏窗。

人 头

有一次我往六栋三楼运送研究器材,路过某个房间时,因为这个房间门开着,我就鬼使神差地走进去。这间房里堆放着许多汽油桶,我估计大概有15个吧。我好奇里头装了什么,就抱着汽油桶摇晃了一下,这时我听到了有什么硬物撞击桶壁的声音。后来听说里头装的是实验用的人头,打那以后我再也不想去那个房间了。如果所有的汽油桶里头装的都是人头,那数量非常惊人。

在我们之后,第二批从千叶来的工人也到了,工地上开始实施承包制度。最开始的时候,发了工资之后我都直接邮给家里,手头上基本剩不下几个钱,从这时候开始我每个月能得到10—20日元的工资,还有人可以挣到三四十元。涨工资之后,有人一个月可以往家里寄100日元,余下的钱还能买衣服或周末时出去玩乐。

1938年4月我在哈尔滨进行征兵检查,最后判定为甲种合格。一年后的 3 月,上级派我加入黑河国境守备队步兵第五中队,我临时回了趟老家。故而,我在工程完工之前就离开了七三一部队。

宪兵与"抓捕马路大"

我与七三一部队的联系并未就此终结。

我参军一年后,即 1939 年 4 月,上级批准我加入宪兵队,随后我进入"新京"的关东宪兵教育队,接受为期六个月的特别教育,结束之后,我被分配到了东宁宪兵队大肚子川分队老黑山宪兵分遣队。从那以后,我从宪兵兵长到资深军曹的四年又十个月里,一直待在那里。

1942 年 1 月,我接到分遣队长命令,让我身着便服将一个担任苏军间谍的瘦高个中国人许某押送至哈尔滨站,并将其交给前来迎接的石井部队队员。许某被关进由铁板围起来的押运车中,然后被带走了。恐怕他也被用作七三一部队的实验材料而并被杀害了吧。3 月时,又有一名中国人被我同僚押送于七三一部队。

作为宪兵的我,也曾逮捕一名身高一米七左右体格健壮的中国人康永昌,他的罪名是"反满抗日分子"及"苏联间谍"。根据同僚所言,这名中国人也被交予七三一部队。除此之外,我在老黑山宪兵分遣队任职期间,同僚们曾经逮捕过两三名有苏联间谍嫌疑的人,他们记得,这批人被送至七三一部队,恐怕他们都被七三一部队用作实验材料杀害了。

作为战犯被关押

战后,我被关押于中国的战犯管理所,那时我已经做好了接受绞刑或枪决的心理准备。但是 1956 年 8 月 18 日,中国最高人民法院判决,我被"免予起诉"并"释放"。

"对小林高安等 354 人免予起诉,并立即释放。"听到这一判决时,我高兴的心情无以言表。

回望过去,我觉得七三一部队的罪行没有作为一个重要问题而提出来,这是十分令人遗憾的。新宿区军医学校遗迹发现了 100 具以上的人骨,到底是哪些死者的? 为什么在一处地方挖出如此多的人骨? 目前这些问题都没有清楚的回答。据我推测，这超过 100 具人骨恐怕都是七三一部队人体实验牺牲者的遗骨。为了弄清楚这一问题，与七三一部队有关的人士必须对自己的行为进行反省，同时我也希望他们能够勇敢地站出来坦白石井部队所做的诸种罪行。

第二章 日军的细菌战研究与筹备工作

一、缝窥一〇〇部队

——我曾解剖过关东军军马

君塚干夫（一〇〇部队）

【履历】1926 年出生。

1940 年加入"满蒙"开拓青少年义勇军。

1941 年加入关东军军马（兽）防疫厂。

1944 年加入哈尔滨"满州"开拓团指导员训练所。

1945 年 5 月加入海拉尔轻迫击炮队混成部队。

1945 年 8 月被俘后滞留西伯利亚。

1947 年 2 月归国。

※本篇证言乃根据 1993 年 7 月访谈内容整理而成。

特别训练

1940 年 6 月，我作为"满州开拓青年义勇队"的队员进入哈尔滨的训练所。我的工作主要是照顾马匹。所谓特别训练，是指由马匹管理机构推荐并取得兽医资格后，为其将来成为开拓团指导员而进行的训练。那时，成绩得到认可、受到提拔的我，为了能够参加兽医学习和训练，在 1941 年 7 月前后，作为军属被派遣到关东军军马防疫厂（关东军军兽防疫厂的通称）。

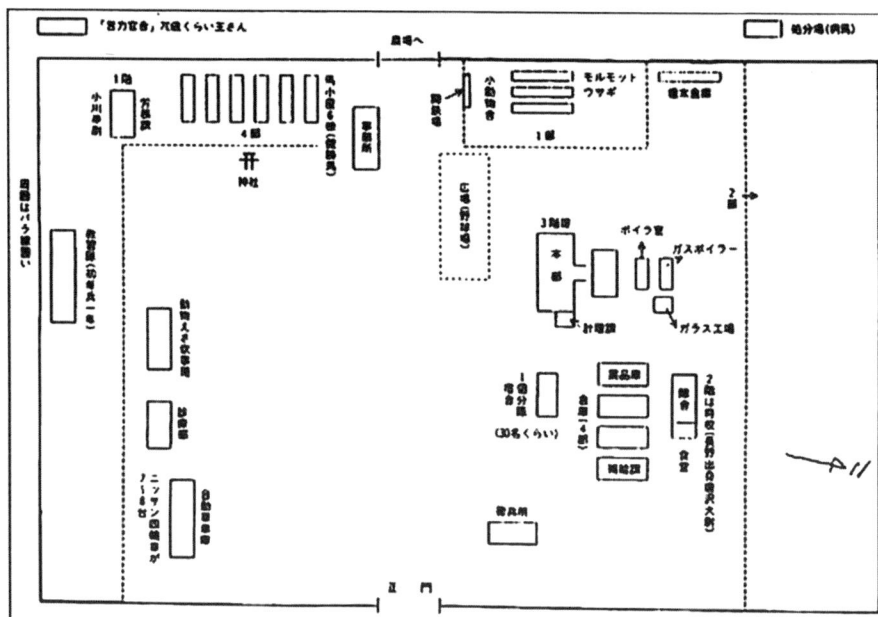

前一〇〇部队军属渡边高尚根据回忆制作的该部队整体俯视图

秘密名称为一〇〇部队

这支部队位于"新京"一处名叫孟家屯的地方,代号为一〇〇部队。我作为军属被配属到这支部队,最开始进行的是修整及安装马蹄铁的训练。在进行装蹄训练时,我受到群马县出身的笛木伍长和城之内兵长的指导。在此后,我被要求对病马进行解剖。

当时,从日本运送过来的军马,患上非常严重的传染性贫血症,我们将这种疾病略称为"传贫"。日本的马比较虚弱,通过调查可以从中找出致病的原因。虚弱的原因,据说是由病毒引起的,总之马匹一旦患病就无法治好。对于这些病马,就只能用硝酸士的宁这种药物毒杀。听说这种药物的毒性极大,只需要 1 克便可杀死 30 个人。

解剖时的指挥,是杉本技手(技手是位于技师之下,享受尉官待遇的军属),当时他二十七八岁。对病马进行解剖后,要将菌种从马体内取出,放在培养皿中用肉汤培养,为了便于在显微镜下进行观察还需要将其染成紫色。

这个操作顺序至今我仍记得。

派往大连分厂

因我当时只有十七八岁,只知道服从命令。在"新京"大概待一年后,我被派往大连附近的分厂。那里是个牧场,到处都有马场,是关东军培育军马的地方。著名画家川端龙子的儿子也在那里,他那自以为了不起的样子,我记得非常清楚。我最近才想到,这所一〇〇部队的分厂会不会就是位于大连市郊外周水子的三八〇部队。这支部队也是关东军的补充马厂。当时一〇〇部队在做什么事情,我对此毫不知情。七三一部队的事情也是最近才知道的。我在一〇〇部队时,只是听从命令,更别提了解其他部队的事情,那就是想知道也无从得知的。我只是在默默地为饲育军马和解剖提供帮助。

【解说】关东军军马(兽)防疫厂

关东军军马(兽)防疫厂,是1933年在"新京"宽城子作为临时病马厂而设立的。防疫厂的国内基地为陆军兽医学校,首任厂长为高岛一雄兽医大佐。1936年6月根据上级命令,由"新京"孟家屯的驻屯部队组建而成,代号为"满洲第一〇〇部队"(后来改称德二五二〇七部队),队员人数为906名。由庶务部及其他四个部构成,配属有兽医学、细菌学、植物学、化学等领域专家。虽然主要从事军马的防疫、补给业务,但实际上秘密进行着与细菌战研究和实践相关的人体实验。

被苏联军队俘虏的关东军兽医部长高桥隆笃中将,在伯力审判中做出如下证言:

> 我的工作是对第一〇〇部队的实践活动进行指导,同时下达对细菌武器,特别是鼻疽、炭疽、牛疫、羊痘、镶嵌型急性传染病病原体进行大规模生产的命令。为了监督第一〇〇部队完成细菌武器的大规模生产任务,我基本每月一次亲自前往第一〇〇部队验查命令完成的状况。(《伯力审判记录》)

据说一〇〇部队在一年内可以生产200公斤炭疽菌、100公斤鼻疽菌,以及二三十公斤赤霉菌。

这些病原菌被用作武器,特别是为了准备对苏作战而在靠近苏联的边境附近进行过实验。1942 年夏天,一〇〇部队在海拉尔以北约 120 公里的苏联国境附近开始所谓"三河演习",在第一部部长村本金弥少佐的指导下,向流入苏联的得耳布尔河投放鼻疽菌,并用炭疽菌污染地面。

该部队也开展过用炭疽菌将近 1 000 头马污染后,利用蒙古人将这些马运送至苏联国境,然后将病马驱赶到苏联境内的作战。

1945 年 3 月,一〇〇部队组成派往苏联与伪满边境的南汉格尔地区的派遣队,山口少佐等 20 多名研究员对"采用在雪上或草上放置细菌的方法,探究冬季使家畜感染鼠疫、羊群感染羊痘应满足的条件和可能性"进行调查。(伯力审判中被告平樱全作的证言)

一〇〇部队的细菌战研究,主要由第二部第六科承担,与七三一部队存在联系。大规模实验是在七三一安达野外实验场进行的。此处也进行过将感染牛疫的牛肉制成粉末,装于玻璃容器中,加入甘油水之后,从飞机上进行投放的实验。(原一〇〇部队队员最近证言)

人体实验的受害者,被关在部队卫兵所隔离室内,他们在那里不仅被用于细菌和立克次体实验,也会被用于各种毒物的实验。研究人员往粥中加入海洛因,在烟草中混入海洛因等,往汤里加入白曼陀罗花等,将这些东西喂给被关押的中国人和苏联人,并记录下数据。对于那些逐渐衰弱、不再有实验价值的被实验者,为了保守秘密,就将他们全部杀害并埋在部队后面的家畜墓地中。

1945 年苏联对"满州"发动进攻后,一〇〇部队主力于 8 月 15 日从"新京"出发,途经安东,于 21 日抵达京城(今首尔),军属就在那里解散回国,从此潜伏起来。战后 GHQ 参谋第二部虽然也对队员进行追踪调查,但并没有给予如七三一部队那样高的关注与深究。正因如此,一〇〇部队在很长时间内都未受到世人关注。虽然部队队员会至今仍然存在,但几乎没有人公开过部队的活动情况。

(糟川良谷、近藤昭二)

上图　一〇〇部队撤退后留下的部队遗迹。
下图　一〇〇部队的水塔（**1981 年 8 月拍摄**）。

二、何为防疫研究室经理部？

——我们支付采购细菌培养皿和实验用小白鼠的开销

天野良治（防疫研究室）

【履历】1918 年出生。

1940 年开始于近卫步兵第一联队服役。

1941 年考入陆军经理学校。

1942 年配属于防疫研究室。

1943 年分配至中国九江的兵站。

1944 年分配至新潟的船舶兵团。

※此证言乃由"禁止支出焚烧人骨所用公款的诉讼请求"一案陈述书整理而成。

1942 年 4 月末,我毕业于陆军经理学校,成为一名陆军主计(会计),随后被分配于陆军军医学校防疫研究室(陆军防疫给水部),我在赴任的时候,还不知道这支部队担负着怎样的任务。

首先,谈谈我于 1942 年至 1943 年隶属于陆军军医学校防疫研究室的往事吧。

陆军军医学校防疫研究室受陆军军医学校和陆军参谋本部两方面指挥。所谓的陆军军医学校防疫研究室,乃陆军军医学校指挥系统对其之称呼,在接受陆军参谋本部指挥时,其称为陆军防疫给水部。陆军防疫给水部(陆军军医学校防疫研究室)的内藤(良一)和桥本同时也是陆军军医学校教官。

陆军防疫给水部向"七三一"等部队发布指挥命令,这点是毫无疑问的。陆军防疫给水部和七三一部队等成立于各地的细菌研究与作战部队,基本上都是同一类型的部队。也就是说,虽然防疫给水部在每日下午 3 时都对这些细菌战部队下达"命令"及"传达"等文件,但是其本身也与七三一等部队之间存在频繁人员往来。这些机构间的人事交流,可以说是一种日常行为。

石井四郎少将也时常视察七三一部队。七三一部队和一六四四部队都拥有飞机场。陆军防疫给水部人员从据点出发乘车至立川(日本东京多摩地区)基地,然后从立川机场直飞七三一部队机场,约三个半小时就可到达。我也因为从事物资调配和业务联络等工作,前后三次乘坐这一航线的飞机至七三一部队据点。

经理部构成

陆军防疫给水部是以石井少将为骨干而成立的特殊部队。在部队的防疫研究室工作的"军属",多为有陆军技师、陆军技手及陆军技术雇员等头衔,是来自各大学医学部、细菌研究所、医院等机构的学者、研究者和技术人员等。

防疫研究室人员都穿白衣白裤或白色连体服,只有车辆班人员和我们这些经理班人员穿军服。车辆班人员都是从原来兵种转来的军属,经理班除我们两名会计之外,其余均为业务雇员,他们都是"军属"助手(一般的部队中助手是下级会计士官)。部队分为"一研"到"十七研"(1942 年至 1943 年的部队划分)等研究班,此外,在我记忆中,防疫研究室人员大概有 300 人。

我虽然被配属至防疫研究室经理部,但是陆军各部队经理部人员人事权由陆军省经理局所掌控,因此即使被分派于各部队,经理部人员也要处于经理局监督之下。由于我们在部队中只相当于"配角",所以对于防疫研究室也有很多不清楚的地方。

防疫给水部的业务

进入 1942 年 5 月,由于南方军防疫给水部(九四二〇部队)的编成,内藤良一少佐(当时军衔)、井村中尉、天野技师和宫田技手等人被分至该部队。随着时间流逝,根据我从分至五支野战军防疫给水部(关东军、华北军、华中军、华南军、南方军)和从这些部队分来的人员口中了解到的情报,以及从事会计工作时统计各部队防疫给水物资等方面的内容,了解到:防疫研究室在进行人体试验的同时,也以对细菌战进行研究、实验及实施为目的,成为统领所有细菌战部队(五个野战军防疫给水部、五个支部、63 个师团以及野战防疫给水部)的中枢机关。

我也从相关部队转来的人员口中,听说关东军防疫给水部(七三一部队)的人体实验和诺门坎事件中的细菌战、华中防疫给水部的人体实验和日军在华中地区连续实施三次细菌战的情报。此外,我也听说,一六四四部队利用兵器行政本部第九研究所开发的有毒物质进行人体实验。

我记忆中也曾听说过,华北防疫给水部(一八五五部队)、华南防疫给水部(八六〇四部队)也进行过少量的人体实验。

这些部队里的会计,除要担负普通部队业务之外,还需调配滤水车、滤水机、过滤管及细菌检索用器材,并对五个野战军的防疫给水工作加以补给。在我1943年7月转入华中九江兵站之前，我一直在重复进行上述工作。

实验用小动物

小动物（老鼠、跳蚤、鸡）都是由埼玉县粕壁（今春日部市）、川边、南樱井（今庄和町）的生产组（当时我认识一位生产组长，最近才知道此人的姓是小泽）所生产，我记忆中，每周我们都从生产组采购一次，每月采购量达到5万只（一只价格5—6钱）。购入的动物分成防疫研究所、七三一部队及一六四四部队三份，定期用飞机从立川运往上述部队。会计除有陆军军衔之外，还有"定金管理官"这一身份。虽然我们也管理着武器、医疗和卫生相关事务资金的支出，但是看到资金被用于非法的细菌战方面而不加以制止，从这一点上来说，我们也负有很大责任。我所采购的物品中，有细菌培养皿、琼脂、肉，以及实验用老鼠、猴子等。

人　骨

接下来我想谈的是，1989年7月在原陆军军医学校遗迹处发掘出的100具以上的人骨。我觉得这些人骨可能是当年该校临床教室中保存的100多具浸泡于福尔马林液中的人体标本。之所以这样认为，是因为我在临床教室中好几次见到过类似的人体标本。这些标本有的只有头，有的只有脚，有的只有胸部，都是七零八落地放在瓶子里，然后按照不同部位区分。我觉得瓶子数量可能超过100个。这些人体标本都被用作军医学校乙种学生（军医候补生）的教材。

这些人骨是防疫研究室在接收陆军军医学校之后，从七三一部队等处运来的。当时七三一部队专用的定期军用航班，为了接收老鼠等小动物而飞到立川，利用这一机会同时把人体标本运到日本，也很方便。我记忆中，确实有木箱被运至军医学校。临床教室中的头部和脚部部分虽被发现，但是胸部部分目前尚未被发现。

探究真相

探究细菌战部队真相，何时都不算晚，现在正是我们直面借战争之名而进行诸种非人道行为的时刻。我曾经隶属于犯下了医学罪行的细菌战部队，虽然不知道现在还能再做些什么，但是可以把事情的真相讲述出来。那时，我们做了错误的选择，虽然已过 50 年，但是战争留下的伤痕历历在目。请不要再度挑起战争，请找到走向和平未来之路。

【解说】陆军军医学校防疫研究室

防疫研究室的设立

1932 年 4 月 1 日，名义上以梶塚隆二为主干的"防疫研究室"（"防研"）成立于陆军军医学校。对于此事，《陆军军医学校五十年史》中有如下记载：

> 在九一八事变之前，有鉴于世界形势和日本医学界实情，军医学校方面深感对于战场防疫相关的研究不可有一日轻忽怠慢。部分学者在研究过程中认为随着事变的爆发，对于战场防疫方法的研究愈显紧迫，这俨然已成为国防上的紧要任务，于是在得到上级认可之后，于 1932 年 4 月对防疫部地下室进行部分改造，成立临时性的防疫研究室（骨干为二等军医正梶塚隆二）。

但是实际上防疫研究室在此后 8 月份才开始正式活动。《五十年史》中有如下记载："在小泉亲彦教官的鼎力支持下，最终得到上级认可。军医学校内以石井四郎军医正为领导，成立新的研究室。……8 月……五名军医被分配至石井军医正麾下，防疫研究室正式开始工作。"

防疫学教室是军医学校细菌学研究的中心，其历史可以追溯至 1886 年。

防疫部的历史较新，其诞生于 1922 年，主要目的是生产疫苗。

回顾防疫学教室和防疫部的人员配置，防疫研究室的成立并未对这些教室和部门的人员造成什么影响，从这一点上可以理解，防疫研究室是以新的人员为基础而成立的科室。与以往教室和部门相比，"防研"人员配置是有区别的，这显示"防研"有着不同于它们的特点。"防研"的任务既不是对细菌学进行研究、教学，也不是生产疫苗，表面上看是从事细菌战的防御研究，实际上是负责对生物战的攻防技术进行研究开发。此外，它需要更大规模的研究网络，因此才具有这种庞大的人员配置。

防疫研究楼的建成

防疫研究室最初是借用防疫部地下室,随后于 1933 年秋拥有钢筋混凝土结构的二层楼房作为研究楼。这一建筑也有地下室,研究人员就在此处大量培养各种细菌。此后直至战败,"防研"陆续建设约 30 栋建筑物,总占地面积约 2 万平方米,这些土地都是由邻近的近卫骑兵联队转让的。此外,"防研"还于1937 年在西侧土地上修建占地约 660 平方米的二层建筑作为兵务局分室。兵务局分室只是通称,正式名称是"兵务局防谍班"(与防谍工作有关的机关)。

虽然经常有言论认为,日本军部有关科学技术研究、开发的体制并不完善,其谋略作战机关是否作为有机的作战网络来发挥机能,这尚并不明确,但是其中也存在各种各样的情况。

各种谋略作战机关中规模最大的当属石井机关,正是那个开发细菌武器并调查其对人体杀伤效果,同时还进行日常性人体实验的石井机关。从这层意义而言,石井机关在各种谋略作战中扮演着枢纽的角色。

从这种关系来看,石井机关的创设与其说由军医部所主导,倒不如说乃陆军省意向的体现。

随着"防研"整备工作的推进,派往平房及其他部队的研究人员,在赴任之前都需要至"防研"接受有关陆军惯例、石井机关的研究方法及其他相关内容的培训。如京都府立医科大学讲师贵宝院秋雄以技师身份被派至石井机关,接受约半年的培训,随后在 1939 年 5 月至哈尔滨平房赴任,之后便立即赶往诺门坎。

三、收集老鼠,饲养跳蚤

——跳蚤附着在我们仅穿兜裆布的身体上……

伊藤影明(一八五五部队)

【履历】1924 年出生。

　　　　1943 年分配至华北派遣军甲第一八五五部队。

　　　　1944 年因斑疹伤寒而入院治疗。

　　　　1946 年回国。

※本篇证言以 1992 年 3 月"战争体验讲述会"(横滨)和 1994 年 11 月"七三一研究会"上的发言为基础,经证人本人整理而成。

我的从军经历大概有三年时间。虽然战后从各角度对此事实有所思考,但我自身经历至今都没有向任何人说过。

我不愿诉说的原因,并不是和朋友有过什么协议或者约定,而是觉得自己曾经做过的、被迫去做过的那些事并非什么好事。

我的经历与关东军防疫给水部(当时不知道七三一部队这个名字)并无直接关联。但是我曾在华北派遣军甲第一八五五部队(华北防疫给水部)第二分遣队中任职。我从军队回国后,对于究竟该不该说出自己的经历,十分苦恼。我十分重视自己和家人,复员后又在国营铁道工作,当时我认为,若说出真相,不仅会导致自己受处分,还会牵连亲友,给他们带来麻烦。现在来看真是十分愚蠢的想法。1988 年去中国旅游时,我感受到中国人的宽容大度,而且还了解到战后中国人并未对滞留当地的日本遗孤差别对待。以此为契机,我渐渐觉得,如果不将自己知道的那些事说出来,就是一种罪恶。

当脑海中产生想去做些什么的想法时,我从报纸投稿中了解到"战争讲述会",虽然觉得是对朋友的背叛,但我仍然选择在那里把自身经历讲出来。

入伍之前

我 1942 年接受征兵检查,体检结果是第二补充兵。我因身材比较矮小,按当时的话说:"连军队都进不去的男人,怎么可能会有女人喜欢。"不过,虽说想进军队,但又不想去后挨打受苦。然而成为第二补充兵后,就想着这样也行,运气好的话,可能就不用去当兵。但是到了次年 5 月 26 日,一张"红纸"突然飘来,我被告知 6 月 1 日要应征入伍,"啊?"我不禁惊讶地发出声来。

6 月 1 日,我加入在千叶的气球联队(记得是叫第八十七气球联队)。入队仪式结束后,我被带去栗山厅舍(据说是学生的大学演习场)行军,在那里待了一周时间。此后，我又马上被转派去中国华北。我们 7 日出发，从千叶乘坐军用列车，经两国、上野、东京，9 号自下关乘船前往釜山。之后，再从釜山乘货运列车经五六天的时间抵达北京。

到达北京

我于 6 月 14 日抵达北京。我虽然第一次来到"外地"，但北京真是一个好地方，仿佛就是过去传说中的"龙宫城"。我是作为卫生兵被征召的。民间有"一当卫生兵，二当司号员"的说法，说的就是卫生兵在军队中最轻松，我因此后应该很轻松而感到高兴，又因自己成为"国之干城"（军人）而精神振奋，穿着宽大衣服就去应召了。

卫生兵训练

从抵达北京次日起，我就在位于市内天坛的一八五五部队本部接受卫生兵训练，也有军事训练。卫生兵分为照顾病者和负责防疫者，我是防疫那边的。将部队在战场上最难处理的用水送往前线部队，这就是我们的任务。给水时就会用到滤水机，这是那个有名的石井四郎中将所设计出来的。滤水机本身并非什么秘密，其中的过滤管才是秘密所在。我们虽然被教导说，到中国后不能喝生水，但那些生水经过滤水管后就可以喝。就算是马蹄印中的积水，经过过滤也能喝。

1943 年 8 月末至整个 9 月，北京城流行起霍乱。当时虽然训练期还未结束，但上级说"你们是卫生兵，是防疫给水部队"，因此训练被中断，我们被部署到各岗位。北京这个地方像一座"宫城"，有城墙。我们被部署到城墙各门，用喷雾器对生意人等全部进城之人喷洒药水。放在干净纸上的水果和蔬菜，都要装进一个很大的圆桶中消毒。

之前我曾被告知，等训练结束后将不会留在华北，而要前往南方，但因霍乱的缘故，训练被推迟一个半月，上级也害怕我们感染霍乱，因而中止前往南方的计划。本来四个月就能结束的训练，用六个月方才完成，之后我们就被分配至各部队。在华北，包括本部及各类外派支部共 16 处，在市内有两支分遣队，我被分配至第二分遣队。跟我同年入队的士兵共有 47 人，其中分配至第二分遣队的有 7 人。47 人被分配至 16 个支部，平均至每支部大概仅有两三个人，因此被同年兵说："你们这些家伙真好啊！怎么能碰上 7 个人都在一起。"已成为朋友的同年兵，要互相告别，实在是令人感到非常伤感和孤独，这是一种很复杂的感情。

特别的工作

第二分遣队所在的建筑物，位于北海公园附近人工湖畔的图书馆（今北京图书馆分馆）旁。这座建筑在被日本军队接收之前，是美国洛克菲勒公司"静生生物研究所"，是一座红砖三层"匚"字形建筑，中间铺有瓷砖，十分宽敞，令人感觉如同以前的保健所。

但到那里之后，我并未发现军人模样者。因为当时我是二等兵，虽然想"有一等兵，那应该也有上等兵或军官吧"，但那里既没有军官，也没有士官，只有五名领章上有两颗星的一等兵。

在我们确定房间并集合后，一个看起来像是大人物的人开始训话："你们的安身之所就是这里了。你们被挑选后来到这里，希望能把这一点记在心里。"他并未说自己是军人还是军属，因为他把上衣脱掉讲话，所以看不到他的肩章，不知他的身份。看他的裤子应该是个军官吧，我一边这么想一边听他讲话。之后我明白了，这名队长名叫篠田统（京都大学讲师，昆虫学者），是军属身份的分遣队长。他虽然是军属，但这里全部由他说了算。因为是佐官级别，所以相当威风（一八五五部队长官是西村英二大佐）。

训话内容为："这里的工作是特别的。大家都不想使用跳蚤，因为那是不能使用的，但说不定也可能出现不得不使用的情况。为了准备那种情况的到来，各位从现在起必须努力。"我们被告知，此后所做一切事情都要使用暗号来代替。他还教育我们，老鼠用"饼"来代替，跳蚤用"粟"代替，然而其他暗号现在几乎都已忘记。

我们在那里所做之事，绝对不能向他人提起。无论是和多么亲密的朋友（战友），也不能提及工作内容。一旦说出口，就要做好在军事法庭上被判刑的准备。

此外，虽然我不记得有没有提到这一"假设"，然而好像队长在训话中曾提道："我们将会把一些冲绳人撤往本土，让敌人全部在冲绳登陆。然后，当敌人登陆时，我们就会使用这个（细菌）。"这些话要是被冲绳人听到，一定非常可怕，我认为这不是在开玩笑。当我被告知冲绳战役中将会使用这些细菌时，顿时感到："啊？若这样的话，留在冲绳的人们该怎么办？"

今天我们重新回顾历史，就会产生这样的疑问：为什么冲绳会被选为前线？要是将前线定在九州的话，因为从这里征调走很多军队，外出的军人一旦知道自己的故乡和家人都将被牺牲，很多人就会想着放弃这场战争。当然也有很多冲绳人应征入伍。即使这样仍然要进行这种作战，其中的考虑，恐怕是因为那里原本是琉球王国而不是日本领土，是被歧视、蔑视的冲绳，因此就可以被舍弃掉吧。我不知道战争到最后，到底在做什么。

饲养跳蚤

我的工作是饲养跳蚤。因为跳蚤要吸血，所以我们使用老鼠。建筑物一楼有一半在地下，三楼所有房间都被用作跳蚤和老鼠的饲养室。

我们再度接受暗号训练后，被带到三楼。在那里，我们被要求脱掉穿的所有衣物。不知要脱到怎样程度，最后脱到只剩下兜裆布。我们将衣服放入储物柜样的地方后，穿上凉鞋。能穿上崭新的凉鞋，在当时很难得，然后我们打开一把跟现在使用的很相似的锁，进入饲养室。长官对我们说："这里是你们的工作场所。你们就在此地饲养跳蚤"。

无数跳蚤围绕在我们身边，不停地跳动。由于只穿兜裆布，很快就感觉到跳蚤哧溜哧溜地从脚往上爬。虽然不是完全无法忍受，但我不禁觉得自己做不了这份工作。然而，老话说"熟能生巧"，一开始跳蚤爬满全身时我还不把这当成工作，只想在它们吸食我血液前把它们赶跑。但就在这一过程中，我渐渐接受了饲养跳蚤乃我工作这一事实。此后，我能保证在不杀死它们的情况下把它们送回饲养设施里，甚至渐渐对跳蚤产生一种留恋之情。

饲养方法

饲养跳蚤的方法如下图所示。

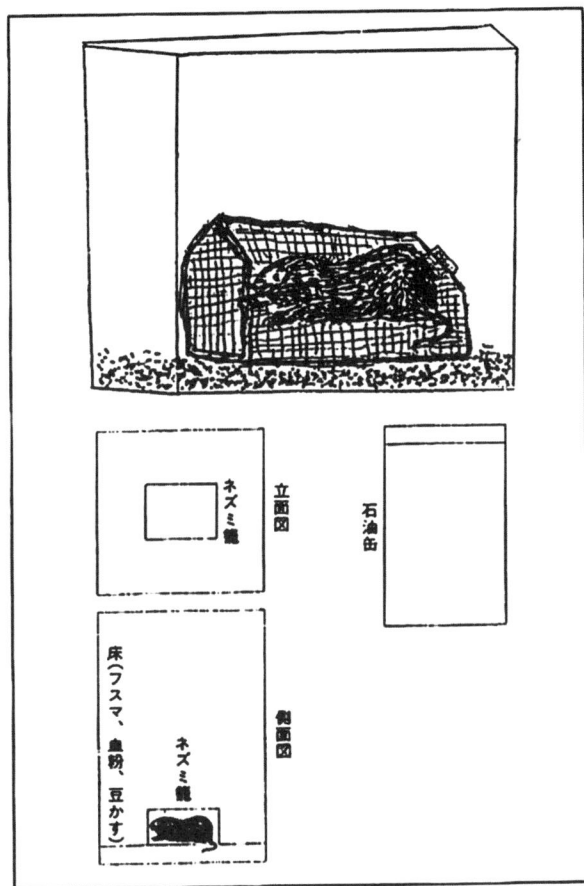

我们在汽油桶中放入装有老鼠的笼子，然后往里加入跳蚤，让它们去吸老鼠的血。罐底用麸皮、血粉、豆饼等作为垫物。跳蚤的卵在温度28℃下发育为成虫需28日。为了饲养跳蚤，这栋建筑全年都使用锅炉蒸汽，使室温保持在28℃，必须维持在一年中任何时候，都能定量繁殖跳蚤的状态。我们在这里生产时，跳蚤还未被（携带细菌的跳蚤）污染。不过我们知道，此后这些跳蚤将被带到某处进行污染。

我去那里时，那里没有士官、军官，只有一等兵，由十几名士兵和军属饲养跳蚤。保管一定量的跳蚤，是我们的使命。由于老鼠这种动物常常会携带伤寒病菌，所以我们都是进行疫苗预防接种之后才前往分遣队的。即便如此，1944年1月前后，我还是因为发病住进了本部医院。

那年2月至3月间，继我们之后有十二三名新兵加入进来，从8月开始又来了十余名士官，后来又来了大约4名大尉，此地逐渐变得像军队。最终共有大概50名军人。本来只是军属做的工作，完全由军人去做。有一段时期，无论士官还是军官，全都脱光去饲养跳蚤。这就可以理解这份工作多么重要。之后，从5月开始，这些身为军医的军官开始建立各研究室、实验室、细菌室、灭菌室。

总人数约50人中，除士兵之外，还有数名学生模样的女子（大概是篠田队长从大学带来的助手吧），她们被分配去翻译外国资料和整理标本。

在北京的生活

第一分遣队位于北京，此后，北京第一分遣队成为华北防疫给水部第一科，第二科在本部内。我们第二分遣队改称第三科，此后邮件若不填写第三科，便无法寄到。现在重新回想的话，这不正是细菌战逐渐受到重视，组织得以强化的表现吗？

一般情况下，军官以上的人，都住在营外，也许因篠田队长是独身一人吧，虽然他是佐官级别，但也住在营内。住在营外的是尾崎技师和一个技手。因工作需要，我有时也会去市内，为了采购中国人抓的老鼠而去逛集市，或是为了获得血粉而前往"场"（牧场）。

另外，整个华北各支部的外派机构都会采购老鼠，集齐一定数量的老鼠后会联系第二分遣队，我们前去接收。我自己因为接收老鼠，去过华北防疫给水部各支部（张家口、太原、天津、石门——同本部一样进行防疫给水作业）五六次。华北非常辽阔，因此去的时候自然要坐火车。因为要将老鼠装进笼子运走，当时在场的人看我们的眼神一定很奇怪吧。

老鼠是在防疫给水部所谓"保护城市卫生"的名义下被集中起来的。同时，为了"检查死老鼠是为何而死的"，也需要采购死老鼠，但我不知道事实上是否进行过检查。整个华北收集来的老鼠,都是野生鼠,但在本部有小白鼠。在我的记忆中,我们虽然也从本部获得过小白鼠,但在饲养跳蚤的过程中,小白鼠由于过于羸弱很快死掉,野生鼠反而更强壮。

不只是老鼠,部队也会收购苍蝇,有的中国人会将苍蝇塞在火柴盒里来售卖。说起苍蝇,那时每逢周日和节假日,就会有巡查官带着骑马的士官和两三名士兵监督军纪风纪。他们在城内饭店来回巡视,要是在橱窗等地方发现哪怕一只苍蝇,商店都会被勒令停业。表面上是所谓指导公共卫生,但说不定也是为掩蔽正在进行的细菌武器研究。

当时,新兵军饷是 8 日元 50 钱,上等兵是 12 日元。尽管如此,所谓的娱乐也只有娱乐室内的收音机,因此在外出进城之日,我们就会用军饷去买好吃的东西,或去看看电影。不过,因为跳蚤也是生物,我们全员都会在外出之日早晨照料跳蚤进食后方才出门。其他部队通常是在外出之日早晨 9 点出门,傍晚 5 点归队,但由于我们第二分遣队需要进行作业,出门时已 10 点、11 点。

因同在北京市内的本部和第一分遣队中有我们的战友,因此在外出日,我们常常会同他们在市内中山公园或者军人休息所见面。那时,被战友问起"你们那地方到底在做什么"这一问题,是最令我感到为难的(我们的部队被俗称"鬼屋")。这时,尽管我对此随便糊弄过去,但还是会被说"你们那里几乎都没有老兵,真是轻松呀",然后就会被嘲笑一番。此后,我就尽量不跟同年兵见面了。

制作跳蚤标本

在从事饲养跳蚤工作之后,我又做过庶务课的修缮工作。1944 年秋天,我被调去从事跳蚤标本的制作工作。厂房位于一楼,有我和士官,也许还有个叫高桥(已故)的同事。我们把跳蚤缓缓浸入高浓度的酒精里,待其完全脱水后,将其放入融化石蜡中使其定型,这就是跳蚤标本的制作过程。标本被一种叫作"切片机"的装置制成薄片,用作研究。

穿过走廊,对面就是灭菌室,主要是用来给我们的器材消毒。在这里,有一种叫作"梵高"的灭菌釜（正确名字是梵高釜），据说是取自画家梵高的名字。灭菌室的管理非常严格，只有在消毒时，获得许可拿到钥匙后才能使用。

俘　虏

1945年2月，陆军的大篷卡车将俘虏，即俗称的"马路大"（这是回来后才知道的词，当时并不知道）运到第三科。我的朋友在一楼看到俘虏从卡车下来的样子。我负责卫兵执勤，平时都是空枪，只有那次被要求带上五发实弹。我们为准备用来关押"马路大"的房间，将平时的工作场所都收拾了一番。三楼一侧被用作"监狱"（拘留室），在那里进行各种实验。当时，我们这些士兵也被完全禁止前往那里。我虽然知道有卡车进来，但押来的是怎样的俘虏，接下来他们又会怎样，我完全不知道。像这样把人带入的情况，我记得有过两次。

次日，我偷看其中一个房间。房间大概有八张或者十张榻榻米大小，窗户玻璃都涂上黑色油漆，从外面看不到里面。窗框上装有铁栅栏，房间里铺草席，挂着裸露的电灯泡，一张小桌子上放着两个馒头。从拘留室木门窥视孔里可看到"俘虏"，我觉得这不是人类对人类应该做的事情。那个"俘虏"是一个和我年纪相仿的瘦弱男性，只有眼睛大大地睁着，对方用一种"你和那些家伙也是一样的吧"似的充满怨恨的眼神望着我。

那个时候，我就在心里想："幸好我是日本人。"我深切感受到，假如我们不是日本人而是中国人，或者说日本与中国立场互换的话，我自己也会遭受如此的痛苦。

那次经历，深深地烙印在我脑海中，日本战败后，即便已经复员回国后很多年，这一幕仍然会出现在我梦中，成为我的梦魇。"同样生而为人，为什么非得遭受如此的痛苦？"我真的觉得当时中国人很凄惨，令人同情。

石井四郎（左）与胞兄石井刚男（七三一部队特别班班长）。石井四郎胸前佩戴的是其在诺门坎事件中立下"功劳"而颁授的勋章。

1939年7月12日，出发为诺门坎事件中位于前线的山县部队提供给水的石井部队。照片中央上方者是石井四郎。

　　防疫给水部从表面看是"防疫"和"给水",换言之,其任务就是确保战地净水(饮用水)。照片乃使用石井式滤水机对河水进行净化的场景。

防疫给水部各部长、支部长、各外派所所长的纪念照片（1943 年 12 月）。前排左起为永山太郎、石光薰，隔一人之后为大谷章一、北野政次、川上渐、大田澄、中留金藏、园田太郎，第二排左起为田部邦之助、碇常重，后排中央为伊地治俊雄。

林口支部（第一六二部队）士官任职纪念照片（1945 年 4 月 1 日）。后排右起第四人为沟渊俊美。

七三一部队诊疗所旁拍摄的诊疗部纪念照片（**1945年 7 月前后**）。

七三一部队的干部们（**1943 年 6 月 25 日**，创立八周年纪念日）。前排左起第七人为田部邦之助，第二排左起第五人为永山太郎，隔一人之后为石光薰，再隔一人之后为川上渐、北野政次（第二排中央）、大谷章一、大田澄、中留金藏。第二排右起第三人为碰常重，第三排右起第三人为石井刚男，第六人为柄泽十三夫，第四排右起第四人为吉村寿人。

七三一部队东乡神社落成仪式。

七三一部队女队员担架演习情景。

伯力审判时关东军军兽防疫厂（一〇〇部队）队员的笔录。

```
                              ┌──────┐
                              │ 天皇 │
                              └──┬───┘
              ┌──────────────────┴──────────────────┐
          ┌───┴────┐                            ┌────┴───┐
          │ 参謀本部 │                            │ 陸軍省 │
          └───┬────┘                            └────┬───┘
              │                        ┌─────────────┴─────────────┐
        ┌─────┴────┐              ┌────┴────┐                 ┌────┴────┐
        │ 作戦第二課 │              │ 軍務局  │                 │ 医務局  │
        └──────────┘              └────┬────┘                 └────┬────┘
                              ┌─────────┴─────────┐      ┌──────────┴──────────┐
                          ┌───┴───┐           ┌───┴───┐ ┌───┴───┐          ┌───┴───┐
                          │ 軍務課 │           │ 外事課 │ │ 衛生課 │          │ 医事課 │
                          └───────┘           └───────┘ └───────┘          └───────┘
```

攻撃面の研究について指導

研究活動について一般的指導

研究の細部について指導

```
   ┌──────────┐  ┌──────┐        ┌──────────┐        ┌──────┐
   │陸軍軍医学校│  │関東軍│        │支那派遣軍│        │南方軍│
   └────┬─────┘  └──┬───┘        └────┬─────┘        └──┬───┘
        │           │         ┌───────┼───────┐          │
   ┌────┴─────┐ ┌──┴─────┐ ┌──┴─┐ ┌──┴─┐ ┌──┴─┐ ┌──────┴──────┐
   │防疫研究室 │ │防疫給水部│ │北京│ │南京│ │広東│ │シンガポール│
   └──────────┘ └────────┘ └────┘ └────┘ └────┘ └─────────────┘
```

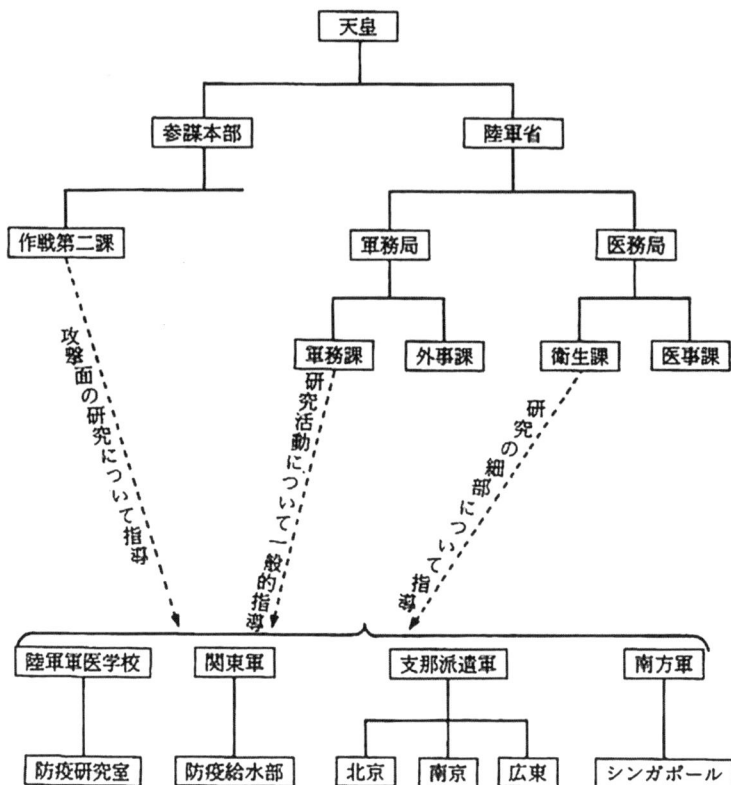

日本陸軍防疫給水部隊

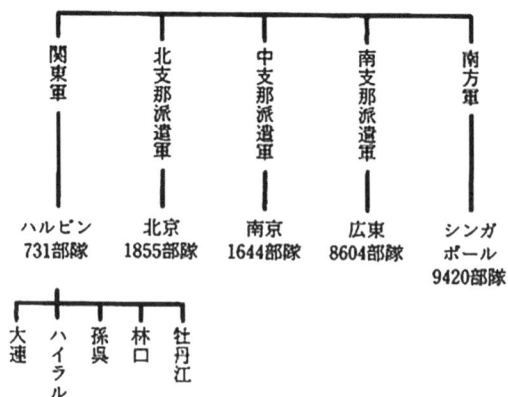

```
   ┌─────────┬─────────┬─────────┬─────────┬─────────┐
   関東軍   北支那     中支那     南支那     南方軍
           派遣軍     派遣軍     派遣軍
   ハルビン   北京       南京       広東     シンガ
   731部隊  1855部隊  1644部隊  8604部隊   ポール
                                          9420部隊
   ┌──┬──┬──┬──┬──┐
   大連 ハイ 孫呉 林口 牡丹江
        ラル
```

防疫给水部系统图。

我的终战纪念日

1945 年 8 月 9 日,这天是"军人周日",也就是外出之日。我和同事一起外出,为打发时间去看电影。这时,银幕旁的呼叫口不断传来其他部队的归营消息。正想着大概发生什么事情时,呼叫我们归营的消息也传来了。出去一看,街上不停地有卡车来来往往运送士兵。回到部队后,才知道苏联已参战。

8 月 11 日前后,为进行对苏作战,从三科抽调十余人前往苏联边境,然而不知道是否此前关东军就缺少兵力,没过多久,全员就从前线撤了回来。看来前线非常危险。

就这样,我们迎来 8 月 15 日,那天非常炎热。当时虽然知道收音机中将会广播重大消息,但我因为有卫兵执勤的任务,无法听到。

当日,我作为卫兵在"午后步哨"站岗(每小时轮换)时,感觉到一些异样。我所在的分遣队位于北海公园前车水马龙的大街上,以前往来的行人不管是中国人还是日本人经常会向我们敬礼或行注目礼,然而今天好像往来的日本人都避开我所站的地方,而用斜视的眼神看着我,有些中国人则说着中文,以我能听到的话来看,似乎是在咒骂我的样子。到了当天下午 3 时,虽然不太清楚今天重大播送的内容为何,但我明白情势似乎很不乐观。

到了次日,我总算了解战败这件事,接下来的事情一团糟。从天坛公园内部总部发来消息,自广播次日开始,分遣队全员要将营房空地内的大型防空壕尽快改造成焚烧场。于是,我们将直到前一天为止都还在悉心照料的昆虫和小动物,以及随带的器材之类所有物品都投入火中,每天进行焚烧,整整一周时间都在做这种辛苦的工作。自那之后,我们五六人一组,不停活动于陆军医院,我自己也前后有十五六次对天津陆军医院货物厂内复员的士兵进行细菌检查和消毒作业。美国登陆中国本土是在 10 月 5 日,我们实际上被解除武装则在 10 月末前后。

战后,我曾想过,日本的秘密细菌战战略没有实际实施就告结束,这实在是太好了,然而最近我知道日军在宁波实际上已实施过细菌战。

再访北京

经过长时间考虑,我终于实现了长久以来的愿望。1988 年 5 月,时隔

43年我再度来到北京。我和战友们内心十分激动。从旁边公园的高处可见的那座红砖瓦房仍然和过去一样，现在还被使用着。庭院似乎进行了很多修整，各种思绪涌入脑海，胸膛变得温热起来。战友也安静地一言不发。

我不断眺望那座被谜团笼罩着的红砖瓦房，想知道它现在是什么场所，甚至忘记集合时间的临近，只能恋恋不舍地下坡，赶快回到指定的集合处。

之后1995年1月，在参加细菌战部队遗迹巡游时，我又获得了去北京的机会。这是我自从军以来第三次来到北京。战败后的第50年，能够再次来到这个"怀念的心中故乡"，我从心底感到高兴。上一次只是乘车经过第三科建筑的附近，虽然在建筑旁边的北海公园里有自由活动的时间，但未能好好地确认那座建筑，因此感到很后悔。这次根据事先获得的信息，我了解到那座红砖瓦房其实并不是我所在的第三科，而是其他建筑。

与上次不同，这次我是明确自己的立场而去的，获得许可后，我得以自己对位于天坛的本部建筑进行了考察。

7年前（1988年），因为内心对背叛朋友的行为有抵触，我缄口不言，然而这一次，虽然仍抱有迷茫，但我内心怀着勇气，真正感到有必要出面做证。

【解说】甲一八五五部队

以中国大陆为中心，有五个从事生物武器研究、实验和制造的防疫给水部，这一事实已得到确认。这些部队分别为在中国东北的关东军防疫给水部满州第七三一部队，以北京为据点的华北派遣军防疫给水部甲一八五五部队，作为华中派遣军防疫给水部的荣一六四四部队，位于广州的华南派遣军波八六〇四部队，以及位于新加坡的南方军防疫给水部冈九四二〇部队。

1938年2月，甲一八五五部队在北京市天坛设立本部。部队由华北派遣军司令部直辖，陆军军医大佐西村英二任部队长。此后，在一八五五部队本部之下，设有天津外派所、塘沽外派所、石门支部、太原支部、运城外派所、济南支部、青岛外派所、张家口支部、包头外派所、开封外派所、新乡外派所、郾城外派所等13个支部、外派所（1944年《华北防疫给水部业务详报》）。

天坛本部最初设有第一分遣队、第二分遣队，但基于鼠疫跳蚤的增产

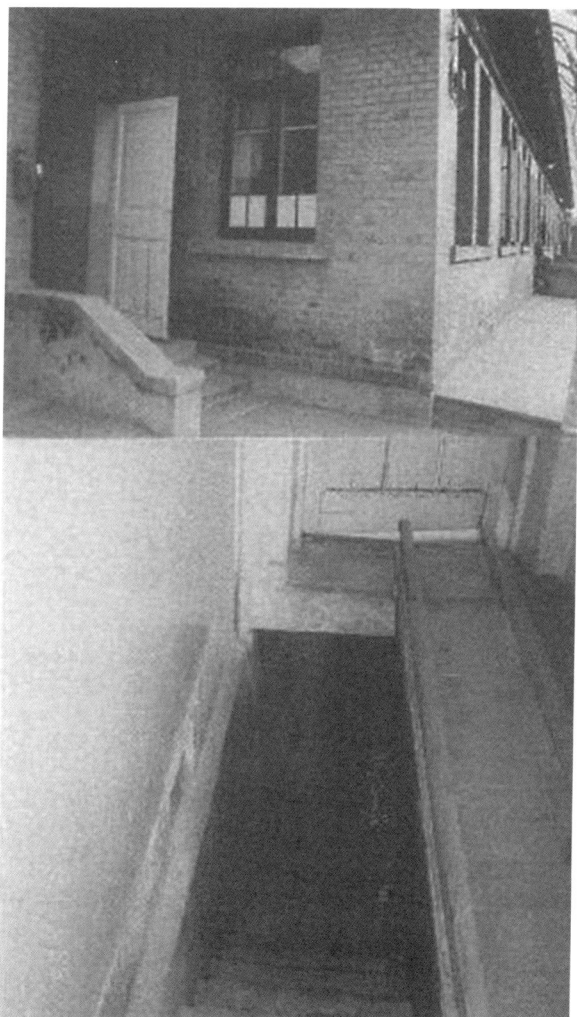

上图　一八五五部队本部内第二科所在建筑物。
下图　建筑物内部通往疫苗贮藏室的楼梯。

令,1944 年第一分遣队改称第一科,第二分遣队改称第三科。前者接收北京
市内北京协和医学院,后者接收静生生物研究所,主要用于鼠疫跳蚤的繁殖。
第二科设于本部内,主要承担疫苗繁殖任务。根据伊藤影明等多位原队员的
证言,可以得知第三科除大规模繁殖跳蚤以外,也曾用中国俘虏进行人体
实验。

　　虽然伊藤是在 1945 年 2 月目击被监禁于第三科建筑内部的中国俘虏，但第三科其他原队员证明，早在 1944 年的夏末，就有共计 17 名中国俘虏于三天内被押送至第三科。他们从北京市丰台收容所被带来，都在第三科被施以人体实验。除此之外，还有证言称 1942 年就曾对两名中国俘虏进行过人体实验（《细菌作战》，同文馆）。关于这些事件的详细内容，可参考《季刊·战争责任研究（第九号）》（西野留美子：《对甲一八五五部队的查证》，日本战争责任资料中心刊）。进行人体实验的不仅有本部，尤其是在济南支部，进行过相当多次的人体实验（参照前列《细菌作战》）。

　　另一方面，根据大快良明的证言，新加坡九四二〇部队管理着大量来自东京军医学校的繁殖鼠疫跳蚤所必需的老鼠，一八五五部队同样也是一年两次从军医学校处领取老鼠。

（西野留美子）

四、我曾大量培养大肠杆菌
——实验用的老鼠逃走了……

齐藤阳（防疫研究室）

【履历】1916 年出生。

　　　　1937 年服兵役。

　　　　1939 年于中国广东省负伤，后退役。

　　　　1940 年作为军属在防疫研究室执行勤务。

　　　　1945 年因空袭导致防疫研究室受损后不再出勤。

　　※此证言乃由"禁止支出焚烧人骨所用公款的诉讼请求"一案所准备的陈述书整理而成。

　　1916 年 12 月 13 日我出生于东京四谷区。

　　1937 年入伍服役，1939 年 12 月于广东省从化负伤，后转回日本并退役。之后于 1940 年末参加考试并作为防疫给水部（防疫研究室）的军属被录用。

　　我当时在防疫研究室的工作是检查民间缴纳的过滤管的性能。我使用大肠杆菌来做过滤管的细菌过滤实验,主要的工作就是按照一定的标准来判断其是否合格并大量培养实验用的大肠杆菌。

接下来我将叙述我在防疫研究室执勤期间,各种见闻中印象深刻的事实。

老鼠逃跑造成的大骚动

大概是 1943 年、1944 年前后,用作细菌实验的老鼠逃跑并引发大骚动。

当时长官对我们说:"假定寄宿有剧毒细菌的老鼠逃跑,各单位立即展开应对演习。"我们的常规作业也随之大幅减少。我当时是"捕获班"的一员,我们一开始是在防疫研究室的建筑用地内捕捉老鼠,两三天后抓捕范围扩大到附近的居民区。我们的卡车上堆着捕鼠器材,对居民说需要实验用的老鼠,随后将这些捕鼠器材放到了居民家、垃圾箱和水沟中,之后的回收工作花了十天左右。捕获的老鼠就交给病理检查班进行检查。消毒班往地面上播撒消毒药,然后用铁皮将一栋饲养实验用动物的小屋围起来并烧毁,实在是大张旗鼓。后来我从对策本部动员全体干部的行为和长官们如临大敌的表情和态度上明白这绝非演习。还有一次,我在防疫研究室外头散步的时候,看到有一堆物品摆放在地面上,上头支着约一人高的防水幕布,我当时还在想这是什么东西。回到研究室之后跟前辈谈了此事,他对我说:"那里有'马路大',是禁止进入的区域,要是让人看到你去了那里,你可得写悔过书了。"我以前就在闲谈中听说过活体实验用的人体和做完实验的尸体被称作"马路大",都是从哈尔滨那边送来的,实际见到这种情形当时还是第一次。

我们这些下级工作人员要负责夜间值班工作,每个研究室都要出五六人执行这一勤务。这时就会听说各种传言,比如在研究大量生产跳蚤的课题时,谁的木屑最多谁的成绩就最好。

我已经记不得我们室长的名字了,他是石井四郎在尉官或是佐官时期的部下,从石井式滤水机研究初期到完成时一直在石井手下工作,此外也有在哈尔滨执勤的经验。我听说他在哈尔滨的时候做过相当残忍的事。

日本战败时的回忆

1945 年初，从日本运出的卫生材料往往到不了海外，听说运输船全都被击沉了，那时我就觉得日本输定了。此时防疫研究室已经开始把部分人员疏散到秋田县或山形县，我们在新宿站把各种货物装上列车，像我们这样服过兵役的人还要进行机关枪的射击训练，陆军医院的屋顶上也设有机枪阵地，遭遇空袭的时候我们执勤也变得不规律起来。东京大空袭导致防疫研究室受损之后，我们 6 月、7 月份都没有出勤。

战败后的 1945 年 11 月前后，单位通知我们将支付没结清的工资和公积金，并返还我们的在籍证明书。从我以往在执勤中听到的消息来判断，石井四郎肯定会被定为战犯。那时我想忘掉在防疫研究室工作时的种种事情，所以就没去拿钱和证明书，战后我也没和任何人提起过我在防疫研究室工作时的事。

五、向新加坡的细菌战部队运送老鼠
——屠杀"难民窟"里的华侨

大快良明（八六〇四部队）

【履历】1917 年出生。

　　　　1938 年依照临时征召，作为辎重兵加入第十四联队，编入第七防疫给水部。

　　　　1940 年于当地解除征召，作为雇员转属华中派遣军防疫给水部"原善部队"。

　　　　1942 年编入南方军冈第九四二〇部队。

　　　　1946 年 6 月回国。

※本篇证言根据 1993 年 6 月至 1995 年间的访谈记录整理而成。

我是在 1938 年 8 月，被临时征召加入第十四联队，在那之后又转入南京的防疫给水部。防疫给水部被分为一到十八支部，我坐上的是写有第七号"水防七"的卡车。防疫给水部人员大概有 150 人。我们从赤羽的兵工厂接收 20 辆卡车。此外还有五十铃的六轮车，以及三辆大卡车，这是用来装石井式滤水机的。另外还有三辆乘坐用的车。

我隶属于宇都宫辎重第十四联队，有汽车驾驶执照。就是由于这个原因，我才会被军队认为是可以立即被征用者吧。虽然我是第二补充兵，但也立刻被征召。8月23日，我被编入位于东京目黑的辎重第一联队。除我们之外，还有第二师团派来的东北地区出身的辎重队特务兵，大阪和四国善通寺医院派来的卫生兵，以及东京军医学校的七八名军属。军属似乎是来接受专门教育的。我们被集中在品川的荏原小学，部队就这样组建起来。

战时编入"水防七"

部队组建后立刻从神户港出发，沿长江而上。1938年9月26日，我们在南京对岸登陆。从次日开始，每天都在前进，不断前进。之后在10月20日，我们进入湖北省汉口，在武汉会战中作为随军人员。防疫给水部驻屯于汉口官厅街一个安静的角落。我们部队是华中派遣军直辖的"东部队"，被称作增田知贞部队，代号为"水防七"。最初的部队长为增田知贞军医少佐，有七名军官，本部有步兵两个班、辎重兵两个班、卫生兵两个班，总共六个班，各班按照战时编成每班12人，然后有军属10人，合计约90人。

我们"水防七"的工作，是在作战师团的指挥下，接受师团本部的指示，向各部队巡回给水。净水班的军属将载有石井式滤水机的卡车布置于水源地，我们搬水班的这些辎重兵则负责驾驶。辎重特务兵担任助手，把8—10个铁桶装上卡车，将水运往各支部队。我在长沙作战时，曾有三次随军执行任务。

虽然当时主要从事给水工作，但不久后，就在汉口建立检疫所和研究室，在那里进行水质检查，有时也给"慰安妇"检查梅毒。检疫所每月会对"慰安妇"进行一次性病检查，由我驾驶车辆，载着军官、士官、士兵前往"慰安所"。因为大部分"慰安妇"都会感染上梅毒等疾病，若从外表一看就知道有症状，这个"慰安所"就不允许继续营业。

研究班不参与作战。按照我在研究班里认识的药剂技手S所说，研究班似乎主要从事疫苗制造，其实他们也进行细菌的培养。

有一次，不知道是通过什么途径，部队内部出现伤寒蔓延的情况。不只我被感染，还有其他数十人也被感染，最后三人死亡。由此可知，部队确实是在培养伤寒菌吧。此外我听说也在培养霍乱菌。

没过多久，部队内就建起一间有三张榻榻米大小的狭窄房间，被宪兵队带来的中国人被关押于此。房间周围设置步哨，我也曾担任过这一职务。军医来后给那些中国人打针，给他们治疗，等实验结束后就把他们带到外面，由精通剑道的准尉把他们的头砍下来。我虽然没有亲眼见过，但听部队里的其他人说过"今天有解剖"之类的话。这些中国人，我听说都是从被宪兵队判处死刑的"罪人"中提领过来的。

我们在担任步哨时，会有中国人透过窗格向我们哭诉。我虽然听不懂他们说的话，但看到他们写在墙上的字："我没有做坏事，救救我！"我理解他们的意思。尽管觉得他们十分可怜，但我们什么也做不了。

成为"原善部队"的军属

1940 年 12 月 31 日，我在服役地退役。这时候增田少佐已经转属七三一部队，部队长变成原善次郎军医大尉，部队因此被称为"原善部队"。和我同年的士兵都已回到国内，我也打算做点生意，希望现在就退伍，但原善部队的高贝安次郎卫生大尉劝阻我，说"再干两年"。于是包括我在内的三人，被任用为原善部队防疫给水部的军属而留下来，继续从事和过去完全相同的工作。我被分配至第十三师团分遣队，前往战争最前线的宜昌进行给水作业。据我所知，"水防七"没有在前线散布过细菌。

不过在 1941 年爆发"大东亚战争"时，上面下达复归军队的命令，我回到本部所在的汉口，之后很快又接到转属至南方军的命令。

从"水防七"被派遣至南方军的军属仅我一人，因为我成为军属以来尚不满一年，于是就想借故请求撤销转属命令，却被大喝了一声："这样的非常时期你在说些什么！"当时的我也是年轻气盛，拔出了军刀大闹，最终还是麻烦宪兵出面才平息下来。只有我被派往南方，也许那就是对我的报复。

在南京集结后，来自各个"水防"部队的互相熟悉的人被集中到一起，组建南方军防疫给水部。我们作为先遣队从上海出发经过台湾，中途停靠马尼拉，经西贡后，于 1942 年 2 月 12 日登陆战火燃烧中的新加坡。英军投降（2 月 15 日）后，依旧到处飘散着滚滚浓烟，燃烧的余烬仍未散去。在主要街道的四个路口处,每一个台上都挂着一颗华侨的头颅。张贴着的纸上用中文、英文和马来文写着"做了坏事就是这个下场"——他们都是从仓库里盗窃财物的犯人。根据厚生省援护局《陆军部队略历》,下达南方军防疫给水部部队组建令,是在1942年4月1日,该部队5月5日在南京完成组建。在新加坡登陆则到6月20日,这是该部队本部的情况。其实我们作为先遣队很早就进入了新加坡。

在新加坡屠杀华侨

不久,"昭南岛"(新加坡)警备司令部就把华侨集中起来,开始屠杀"抗日分子"。虽说是"抗日分子",其实是把"难民窟"里的华侨集中起来,只要他们的神情或者态度表现出反抗,就以此为理由把他们一个个杀掉,非常残忍。部队在新加坡接收英国的爱德华七世纪念医院,将本部设在那里。部队被称为冈九四二〇部队。南方军防疫给水部队部队长(第二任)为羽山良雄军医大佐。该部队由经理、器材、检疫等各科室以及研究所构成,有大约

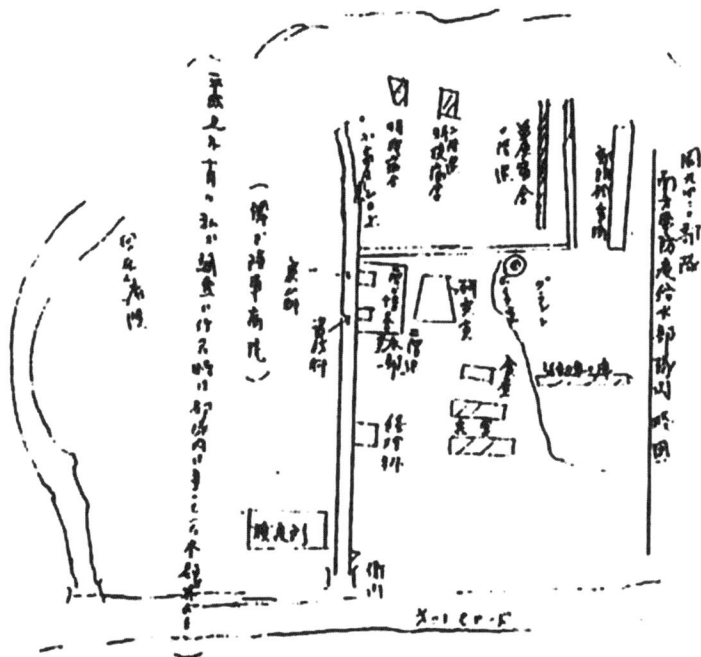

大快良明所绘的南方军防疫给水部略图。

150名人员。原址现为中央医院,本部则被用作新加坡卫生部药学会。

新加坡的自来水管道因为没有遭到太大破坏,我们就没有进行给水作业。另外,因马来半岛的日军将部队部署于马六甲、吉隆坡等城市地区,因此没有像在中国那样建立防疫给水部队。

我们在新加坡正北方的新山,部署一支被称为梅冈部队的分遣队。南方军防疫给水部的前线分遣队,虽然接收并占据爪哇万隆的医院,但那里也没有配置石井式滤水车。在前线的各岛屿,用的都是便携式手压滤水机。我隶属于器材课,负责驾驶卡车及20多辆车的调度工作,大概了解部队的动向。

本部正门旁边是检疫所,大概是部队的象征吧,这里随时都停放着两台石井式滤水车。所有通过的部队都要到这所检疫所,接受针对南方传染病的预防疫苗接种,当时注射的有霍乱、伤寒、副伤寒混合疫苗。我虽然没有在检疫所任职,但我曾经见过一大群士兵在检疫所前排队的场面。注射用的疫苗,自然是在研究所里制造出来的,相当多的药剂官在那里制造各种各样的药物。

本部二楼是培养室,我看到很多琼脂和试管并排放在那里,在那里培养细菌战所用的伤寒菌和鼠疫菌。本部里面的军属宿舍前有动物的饲养场,这里饲养的老鼠会被运往其他楼内的研究室。

内藤良一军医少佐就在研究室里工作。1992年2月15日《赤旗》刊载了一篇题为《新加坡也有七三一部队》的报道。新加坡前内阁部长奥斯曼渥出面做证,称自己在防疫研究所担任过助手,在那里让已经感染鼠疫的老鼠嗅氯仿,用工具将集中起来的跳蚤放进玻璃瓶等等。其中有一日,一个日本兵被老鼠咬伤后感染鼠疫,高烧时,手和脸都变得乌黑,最后就这样死去。确实存在感染鼠疫后死亡的日本兵,但证言中所说将跳蚤放进瓶中,用卡车运到车站之类的话,却有疑问。因为我是负责卡车调度的,我不可能不知道有这样的事实,而且车站也没有能够将之运往目的地的车辆设施。就我所知,这些培养出来的细菌,应该没有被带往外面去。

另外,在本部也没有用细菌进行过人体实验。在这里生产治疗用的血清之类的物品。有时，因为要制造毒蛇血清，我曾受命前往泰国曼谷开展饲养眼镜蛇的培训。因我十分怕蛇，最终对此拒绝。

泰缅铁路上的给水业务

1943 年 4 月，为了建设电影《桂河大桥》中有名的泰缅铁路，本部派出分遣队前往泰国北碧从事给水业务。当时虽然也有近郊村落发生霍乱，部队也出动人员去消毒，但这些都是自然发生的。因为我要对武器进行检查，因此也被派往当地。厚生省援护局《陆军部队略历》上记载："4 月 15 日从昭南岛出发，4 月 20 日抵达泰国北碧，10 月 15 日从北碧出发，10 月下旬回到昭南，之后继续从事防疫给水作业。"但要让爱德华七世纪念医院里的部队所有人都转移过去，那是不可能的，真相其实只是派出分遣队。我到那里时还是雨季，作业非常困难。

运输老鼠

1944 年，我听说大本营下达"制造 50 吨跳蚤用于细菌战"的命令。为贯彻该命令，据说要收集 5 万个油桶。我隶属于器材科，见过这些油桶。

进入 10 月后，大本营又传来命令，要求南方军防疫给水部"主管卫生材料"。所谓卫生材料，其实指的就是老鼠。因为我在部队里是资历最老的老兵，于是就和同为军属的柴田、冈野三人一同接受运输老鼠的命令。我们乘飞机，在西贡、台北各住一晚后，于 10 月 24 日抵达东京的立川机场，之后前往新宿的陆军军医学校。我获得休假的机会，久违地回到故乡栃木县的老家。

我在回去的路上前往立川机场时，那里已经停着三架七三一部队的专用飞机，这些本来是九七Ⅱ式重型轰炸机，现在已经装进数万只老鼠（森村诚一在《恶魔的饱食》中提到，七三一部队拥有的 11 架飞机中，有一架九七式Ⅱ型重型轰炸机，但据航空班的人所说，在 1944 年时至少已有三架）。老鼠已经在白天时被装进带篷的卡车，我们在对机场的人完全保密的情况下将这些老鼠运走。

我们三人各乘坐一架飞机，我因为坐在电讯员座位上，不太记得飞机内的样子。还在吱吱叫的老鼠被关进约长40厘米、宽30厘米、高30厘米的铁丝笼里，放进重型轰炸机的机身部。一架飞机中大约有5 000只，三架共运送约1.5万只。

总之，这些老鼠在拥挤不堪的状态下被运送，因为环境过于炎热，有的老鼠死亡，有的变得病弱。飞机中途降落加油时，我们就会把老鼠笼搬出来透透风。老鼠的气味非常腥臭，而且因为缺少饵料出现同类相食的情况，十分混乱。结果到达新加坡的时候，1/3的老鼠都死掉了。这些运来的老鼠，又被卡车运往本部和新山的梅冈部队，以及瓜拉庇劳的饲养场。还有一部分，被直接用飞机运往位于爪哇万隆的分遣队。

就这样，我从10月至11月共从事过两次运输老鼠的工作。虽然原本计划要运送5万只，但最后只剩约3万只。这些老鼠都是委托埼玉县等地的农民饲养的。在新加坡当地也把老鼠作为奖品进行交换，以此来收集。

原计划是把生产出来的细菌用于美军身上。有传言说，日军组建了纽约派遣军。但没有听说把细菌运往塞班岛等南洋诸岛的情况。最终，南方军防疫给水部虽为细菌战作了准备，但就我所知，大概没能用在实战上。与中国不同，日军在南方并没有多少与当地人作战的意识，如果要使用细菌，那对手就是美军。然而友军感染细菌的可能性也很大，因此不得不慎重，实际上就是这样而失去使用机会的吧。

繁殖老鼠

过了不久，我来到了马来半岛南部的瓜拉庇劳，为繁殖细菌战用的跳蚤而从事动物饲养的工作。队长是当初在汉口挽留我的高贝卫生大尉，除我之外，还有星子曹长和六名军属。我们接收瓜拉庇劳的一所中学，占用他们的房屋。1993年我再次前往当地时，惊讶于当初被我们用来饲养老鼠的校舍已经被重新粉刷得很漂亮，现在被用作"TUNKU MOHAMED初、高级中学"。

我们住在教员宿舍，利用校舍饲养兔子、老鼠、豚鼠、小家鼠等动物。教室里并排放置有两层的铁架子，上面放着一长排的老鼠笼。为了种植动物所需的饲料，操场上种着农作物。这里并不收集跳蚤，只是单纯繁殖老鼠，然后把它们陆续运往新加坡。根据竹花京逸所著《我所见的跳蚤、老鼠和鼠疫菌》（自费出版）记载，驻扎在新山县波精神病院的梅冈部队似乎在进行鼠疫跳蚤的制造。关于爪哇万隆的事情，我就不是很了解了。

　　只靠操场上种的那些动物饲料是不够的。在距离瓜拉庇劳 4 公里的地方有一片 100 亩的橡胶园，我们将橡胶砍伐后改作农场。番薯、南瓜、木薯等蔬菜用来作老鼠的饲料，茄子、辣椒、苋菜、空心菜等则是我们为了自己吃而栽种的。每天我都一个人开着车出门。为了进行栽培，需要雇佣大约 200 名当地人，中国人每天给 1 日元 20 钱，印度人每天给 1 日元，马来人就每天给 80 钱——工钱是区别对待的。工钱以军票（军队作为货币替代品而使用的票据）的形式支付。然而，由于做工的人逐渐减少，就委托住在我们宿舍隔壁的郡长，要求镇民为我们提供劳务，但结果还没种几块田，战争就结束了。

受邀开办制药公司

　　8 月 20 日之后，从本部开来迎接我们的卡车时，我才知道日本战败的消息。反正已经无法再继续雇佣了，我们索性就用军票的形式给做工的人支付三四个月的工钱，于是他们就离开镇子到处挥霍玩乐，以致当局发来抗议称"是否故意扰乱经济"，连瓜拉庇劳的警察也打来电话。在瓜拉庇劳饲养的兔子和猴子，都送给了当地愿意领养的人，老鼠则被同事稻叶全都放生于附近的河流。

　　回到新加坡一看，本部也只剩下空壳，本部部队早已转移到了裕廊。根据五十岚药剂大尉的命令，本部的机器和老鼠都被遗弃到海里。会合之后，我们在腾加的机场集中，之后从新加坡港乘船，前往名叫伦庞岛的无人岛，那里是收容我们的地方。我们在完全没有食物的状态下，在那里度过了 10 个月。眼看快死的时候，在 1946 年 6 月，终于在名古屋得以复员。

　　战后，我们没有受到像七三一部队那样的言论钳制。以部队原先的军属为核心，有人邀请我说："我们准备开家制药公司，要一起来干吗？"于是，我就去了位于数寄屋桥的日动大楼，但最终还是没有加入他们。

【解说】冈九四二〇部队

与 1941 年 12 月的珍珠港袭击同一时间,以南方军第二十五军登陆泰国、马来边境为开端,第十四军登陆菲律宾,第十六军越过赤道登陆印度尼西亚,于是从婆罗洲到远东的关岛,日军对南方的侵略就此展开。为了获取资源,尤其是要确保控制爪哇、苏门答腊、婆罗洲等石油重要产地,为长期自给作战发挥重要作用,这是宏大的目标。特别是登陆爪哇的目的,在于获得大量在南方能够决定生死的疟疾特效药奎宁。在巴丹岛遭受美军猛烈反击的第四师团,在三个月的时间内,有 1.55 万名士兵染上疟疾。

1942 年 2 月 15 日,新加坡沦陷。参谋本部作战科设想会遭遇细菌武器的袭击,当时在南京的一六四四部队长,即被称为石井四郎得力干将的增田知贞中佐视察了前线,报告称:"敌军积极使用'鼠疫'。"(井本熊男中佐的业务日志)自 2 月份起,就开始具体讨论在南方军中组建防疫给水部的事情。在当时的新加坡,第二十五军属下本来就有一边进行防疫给水作业,一边参与进攻的部队,即 1938 年 8 月前隶属石井部队的渡边军医中佐所率领的第十二防疫给水部的三个班,但在 4 月 1 日,根据新的军令,为做好细菌战准备而组建常设的防疫给水部(厚生省撤离援护局所编《部队略历》中的记载为 4 月 1 日下令组建,而根据 1945 年 10 月 28 日陆军省制作的《陆军部队调查表》记载则是 3 月 26 日组建)。

该部队首任长官为北川正隆军医大佐。他是军医学校防疫研究室的教官,在"背荫河"石井部队草创时代就是和石井一起行动的"同志"(1944 年亡故)。第二任队长也是从"背荫河"时代以来的元老级"盟友"羽山良雄军医少将。总务部长则是两年前获得干燥血浆技术,回国后担任军医学校教官,掌管防疫研究室,直到战后还牵涉战犯免责问题的石井的得力部下内藤良一军医少佐。

此外还有从"背荫河"早期就加入的市川利一,京都大学出身的"七人组"之一员、在七三一部队第一部进行天花研究的贵法院秋雄,从卫生教育部转属过来、曾在诺门坎事件中担任早川队队长奔赴前线的早川正敏军医

上图　九四二〇部队建筑物。
下图　或为观察部队所饲养动物的九四二〇部队队员。

中佐，可以说石井的亲信都被安排在重要位置上。因为部队是在南京组建，因此当初就冠以华中派遣军的兵团符号"荣"，被称为"荣第九四二〇部队"，之后又变更为东南亚第七方面军的兵团符号"冈"，被称为"冈（或'威'）九四二〇部队"。最初人员有 208 名，部队于 1942 年（昭和十七年）5 月 5 日组建完毕后，向天皇上奏。

七三一部队在沿苏联边境的要地,设置四个支部,华中的一六四四部队在战略要点设置 12 个支部,而九四二〇部队除接收新加坡爱德华七世医科大学医院的一部分,将其设为本部外,还逐渐扩大规模,在马尼拉(支部长为原七三一部队队员帆刈喜四男军医少佐)和雅加达,并从泰缅(泰国和缅甸)边境到万隆,围绕着南海在各地设置支部,扩大网络。

内藤创造了"与南方当地实际情况相适应消灭疟疾蚊虫的方法",继任的早川清则对"所谓 K 型热带伤寒以及在缅甸、苏门答腊、马来地区的日本军队中流行的发疹热的相关研究"(部队业务报丙八二号)进行报告,由此可以一窥该部队的情况。依据七三一部队的江口丰洁第三部部长所记(《关于防疫给水与香港的卫生行政》,1970 年),该部队看起来只是以"南方各地区的防疫"和"地方病的研究对策"等防疫给水工作为业务,但实际的主要任务是为细菌战攻击作准备。

截至目前,已经出现了接收昙波的贝尔麦精神病院并在部队内部大量繁殖鼠疫跳蚤的原队员竹花京逸的证言,以及大快良明的证言,但关于这支部队仍有很多不明的地方。新加坡前内阁部长奥斯曼渥在当地的报纸上做证,1942 年他 17 岁的时候,曾被这支部队所雇佣,被迫从事鼠疫跳蚤的繁殖工作(《海峡时报》1991 年 9 月 19 日)。另外,这支部队所繁殖的鼠疫菌和鼠疫跳蚤,被委托给司机运往遥远的西贡。关于人体实验,1945 年 6 月在美军情报机构向麦克阿瑟司令提交的一份名为《日本的秘密战》的文件中,报告了日本的南方军曾进行过疟疾人体实验的事实。

根据关东军副参谋长松村知胜的证言,"鉴于太平洋地区的战况恶化,应当对美国、英国及其他国家使用七三一部队的细菌武器",九四二〇部队很可能也进行联动。1945 年 9 月 2 日战争结束后,部队转移到伦庞岛,至1946 年 5 月在当地被俘虏。

顺带一说,帝银事件中犯人所使用的名片的主人松井蔚,在战时隶属于该防疫给水部,通过搜查本部的调查,已经确认他曾对当地居民进行过人体实验。

（近藤昭二）

【解说】七三一部队与立川机场

大快良明运输老鼠时所起降的立川机场，是 1922 年为强化首都防卫而建设的，部署有陆军飞行第五大队。地点位于陆军军医学校以西约 25 公里的地方，现在从新宿乘坐 JR 中央线大约 30 分钟能够抵达。最初是军民两用，但九一八事变爆发后的第二年，民用客机就全部转移到羽田了。

1937 年中日全面战争爆发的同时，飞行第五联队出动前往中国大陆，留守部队也移动到千叶县的柏，在大快运输老鼠的 1944 年这个时间点上，机场尚不具备军事基地的功能。当时的机场部署有第一到第八陆军航空技术研究所（所有的陆军飞机最初都要在这里接受审查，审查后被移交给了转移至福生的飞行实验部管理。美军扩大了飞行实验部的用地，设立了横田基地。这时航空技术研究所正专注于对机体、燃料、卫生等专业领域分别进行研究）、陆军航空工厂（陆军自身生产飞机的唯一机构）、陆军航空分厂（飞机整顿、修理、补给的据点）、陆军航空技术学校（航空技术军官的养成机构）等机构。另外，汇集了陆军电波武器研究的多摩陆军研究所的创设，也是在这一时期。

就这样，在立川集中了当时陆军航空技术的中枢机构。虽然各机关都在利用机场进行飞行试验和运输，但掌握整体利用状况的机关似乎并不存在，因此七三一部队是否使用立川机场，已经无法从关联机构那里进行确认。于是我们联系了曾经隶属七三一部队航空班的人，调查了立川机场的相关问题。

通过许多人的关系，我们得以从曾经担任七三一部队飞行员的松本那里打听到了消息。以下就是松本和他的同事的回忆。

松本等三人，1939 年从递信省航空局仙台乘员培养所毕业，在埼玉县熊谷飞行学校学习的时候，受那里的军医邀请成为七三一部队的军属。当时航空班在班长增田美保以下有三名飞行员，加上松本他们后就有了六人。六人中几个人组合在一起飞往立川，运输各种器材。

军属飞行员到达立川后，在正门旁边就有熟人开的旅馆做好准备等待他们回来,器材的内容和手续只有班长才知道。

1944 年开始,他们就频繁地向"满州"运送用来大规模培养鼠疫菌的老鼠。老鼠很臭,运输的时候非常麻烦,给它们通风的工作交给了军属,松本他们就经常帮忙。从那年下半年一直到 1945 年,他们从立川往新加坡运过好几次老鼠。运输使用的是七三一部队的九七式 II 型重型轰炸机,在机体部分用铁丝网关了数千只白色的小家鼠。

他们也曾经往爪哇运过老鼠。与"满州"不同,听说南方是由军医部来制造疫苗并使用的。松本虽然没有往南京和北京运送过老鼠,但因为作战的关系,曾经数次往返"满州"—立川—南京这条航线,部队有重要人物来东京的时候也一定会使用立川机场。美军对东京的空袭开始后,飞机曾一度降落在富山,其他时候都是使用立川机场。

据大快所说,有一次一架重型轰炸机发生引擎事故,从冲绳起飞后,要求在台北、屏东降落以进行修理,虽然我们希望松本也参与过那次飞行,但他那时似乎并未一起出发。

根据以上数人的证言,将陆军军医学校、防疫研究室与七三一部队、北京的一八五五部队、南京的一六四四部队、新加坡的九四二〇部队等各支部队连接起来的国内据点就是立川机场,这一点确凿无误。但是这些关联机构并未对细菌战做过研究,只是发挥了中继基地的作用。

（楢崎茂弥）

第三章　有关日军实施细菌战的证言

一、大规模屠杀香港难民
——将沙门氏菌投入饮用的热水中……

丸山茂（八六〇四部队）

【履历】1917 年出生。

1938 年因教育召集加入朝鲜龙山的步兵第七十九联队。

1939 年转属华南派遣军防疫给水部（波八六〇四部队），隶属细菌检索班。

1943 年 3 月退伍归国。

1945 年再次被召集。

1945 年 8 月在朝鲜退伍。

1945 年 10 月归国。

※本篇证言乃根据证言者在七三一研究会学习会上的发言（1993 年 11 月）、《短歌草原》（1992 年 8 月、9 月、10 月号）所收录《无论如何美化，开启战争之道都是一种罪恶》一文整理而成。

我是 1939 年被分配到广州的华南派遣军防疫给水部的。这支后来被称作八六〇四的部队，我们去到的时候才刚刚成立。

进攻香港之前我在淡水，进攻开始时我紧跟着殿后的部队前进，到达位于边境的深圳。1941 年 10 月至 1942 年 3 月间,我一直在淡水和深圳的基地,偶尔会去帮助香港的分遣队开展检查霍乱等工作。

部队编成

1942 年 4 月,我一个人从深圳的分遣队回到广州的防疫给水部本部。在 1943 年 3 月回到日本之前,我大多时候都在那里。本部的据点位于广州的东山地区,过去是中山大学医学部。部队编为一到五科,此外还有本部和经理部。我隶属于一科细菌检索班。一科的任务是防疫,二科为给水,三科是疟疾的预防与治疗,四科不太清楚,五科从事药剂的研究与供给。

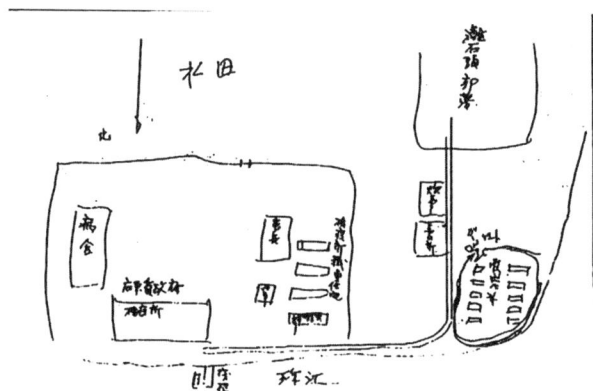

丸山茂所绘八六〇四部队略图。

四科位于本部大楼东侧,用铁丝网围了起来,因为不允许我们进去,所以不清楚里面在做些什么。现在想来,恐怕是在培养鼠疫菌和鼠疫跳蚤吧。

部队的构成人员据说共有约800人。虽然我没有一一去确认,但部队本部中负责阵中日志的内山军曹经常和我们这么说。确切而言,800人中军属有200人左右,军官有100人,剩下的500人是士兵、士官。虽然各科有多少人不是很清楚,但一科总共约100人,这当中有80人是士兵,也有卫生军官和军医,消毒班里也有很多军属。

此外,还有相当数量的当地中国人在这里工作。我所在的检索班中,就有中国人负责处理各部队送来的装有排泄物的马桶。在炊事班中也有很多中国人。有的中国人深受部队本部的信赖,部队方面难道不就是把那样的人集中起来后加以利用吗?

水池里的尸体

那是部队组建起来的1939年5月前后的事情,"发生了件稀奇的事",士兵们都这样说。"什么事,什么事?"我一边问一边走向了部队北边小商店下的水池。那栋建筑是由砖建成的,水池所在的地方比地面高,因此不得不爬楼梯上去。

水池里应该是放了福尔马林液吧,有尸体浸泡在里面,也有女人的尸体。渡边中佐让士兵把尸体抬上来,然后进行解剖。他用锯子将尸体的头切下来。"真是精妙的技艺啊!"在旁看着的我们发出赞叹。渡边中佐一边操作还一边说着"这里是肝脏"之类的话。渡边这个人在战争结束时担任朝鲜军军医部长。

鼠　疫

去广东从事细菌检索的工作后,我便没有去过其他的地方。但是担任轮值科长时有例外,我曾经去澳门检查过尸体。

金光军医是个非常爽朗的人,常常向我们吹嘘自己的事迹,其中就曾提到过鼠疫。军医在1941年的时候,作为分遣队长参加福州作战。一名叫相良的队员外出防疫侦察时,拜访了一个中国的医生,通过笔谈的方式得知当地似乎有鼠疫患者死亡,于是这名队员就向队长报告。金光队长就把死者从坟墓里挖了出来,检查后的诊断结果为鼠疫。因为在"中日事变"中只有金光中尉发现鼠疫,因此派遣到南方的军医们都要接受金光中尉的授课。发现鼠疫的相良兵长说:"人的身体变黑后死亡,淋巴腺也变得肿大。"因为鼠疫在当地也是很罕见的,如果不是日本军队散播的话,恐怕不会发生这样的疾病。

当时因为鼠疫闹得非常紧张,不得不给士兵和当地平民注射军医学校的疫苗,我还记得因为疫苗储量不足而生产鼠疫疫苗的事情。

四科的工作

现在谈一谈关于四科我所注意到的事。那时候虽然我对四科在做什么并不关心,但后来回想起来,有一些不可思议的事情。我在担任卫兵时,有一次四科的同伴外出回来后,带回一个用浴巾裹着的包裹。我对他说:"让我看看里面有什么!"他却回答:"不行。"那人说:"要和本部联系询问下。"于是我就给本部打了电话,谈话中上级说道:"放他过去,不许打开包裹!"此事大概是1940年6月前后发生的。

我猜包裹里面恐怕就是老鼠和装着老鼠的捕鼠器,所以才会包成那种样子。应该是将捕鼠器带到广州市内的饭店里,抓到老鼠后再把它带回来的吧。虽然这只是我的猜测,但几乎所有士兵都说:"那就是老鼠。"

四科最初位于营内的商店里,大约过了一年后,本部大楼的东侧建造起了一座木制工作场所,四科就搬到那里。在那之后他们就没有从里面出来过,也没有去洗澡,就连吃饭也是炊事班的人把饭送过去。因此他们和外面的士兵是没有联系的。他们大概有六七个人,应该是从大阪附近来的辎重队特务兵转过来的吧。

被铁丝网围着的建筑中的作业场里,放着很多架子。虽然不是两层建筑,但是也比一层要高。架子一层的高度足以放进油桶。黎明的时候,因为那里有电灯,所以能看清架子上并排摆放着很多油桶。

四科的作业场在里门斜对面的左前方。那个地方到了中午以后,经常会有航空队的军官坐着挂斗式摩托车进来。我就只是举枪让他们通过,那辆摩托车在四科的前面停了下来，然后拿着某个看上去体积不是特别大的东西又回去了。

航空队的军官回去后的次日，清晨天还比较暗的时候，广州市内的上空就发出了轰炸机编队的引擎轰鸣声。一直都是这样。这些事件都是有因果联系的，大概是航空队军官坐着摩托车把装有鼠疫跳蚤的炸弹运回去，之后再将鼠疫菌投放播撒出去的吧。

四科科长，也就是前面提到的渡边中佐，他之后担任了华中防疫给水部上海支部部长，我想是为七三一提供支援吧。四科包括军属在内，总共只有约 20 人。

东京的军医学校与"南水防"（华南派遣军防疫给水部）之间是什么关系，这我不太清楚，但我想应该是从军医学校收到很多指示吧。战友 M 曾经对我说过，就是从那里用飞机将沙门氏菌运过来的。

难民营

之后我要讲述的，是 1941 年 12 月 25 日香港沦陷后，香港居民遭受细菌大屠杀事件中我所知道的事实。

香港沦陷后，日军在香港设置总督部，矶谷中将任总督。他就任总督后最先着手的事情就是将粮食全部控制住。军政当局发布布告，要求能够回到中国本土故乡的人全部要交出粮食。因为当时的香港岛生活有 100 万人，当局要想尽办法削减掉 30 万人。只有这样做，日军才有可能进行粮食的调度。

不久以后，沦为难民的人们开始返回故乡，离开日军的占领地。当时驻留在边境深圳的我，看到了只带着行李的，或背着孩子或牵着孩子穿越边境的人潮。有很多人沿着珠江走水路返回广州。

军队为了维持广州治安，将这些人送进了滩石头（南石头）的难民营。珠江这条河在广州市分作了东江、北江、西江三条支流，滩石头就位于三江分流点，作为日本傀儡政权的广东省政府的检疫所也在那里。从检疫所的一角向西，也就是沿着珠江大约距离 400 米的弯曲处，有过去鸦片战争中留下的炮台，后来成了监狱，也就是现在难民营所在地。方圆大约 600 米都被石垒围了起来，东边的角落设有进出口，有拿着旧式步枪的省政府卫兵把守着。

检疫所一直都有大约 10 名宪兵。宪兵虽然不会进入难民营，但是一直对检疫所附近一带施加着威慑。难民营内发生的事情绝不仅仅是防疫给水部的行为，其主导者乃是华南派遣军。

可疑的图表

1942 年 4 月，我从深圳回到广州的部队本部没多久，我们三名士兵和军属就被派到了滩石头进行疟疾的调查。在那里，自香港作战以来时隔半年，我再次见到了 M。M 是自 1938 年 11 月征召以来就一直与我在一起的战友，转属到"南水防"以后也在一科一起工作，内务班也是同一个班。

难民营里负责"南水防"的是 M 一个人，他似乎在担任难民营长官一职。我的工作是采集孑孓、蚊子，然后饲养繁育它们，都是些清闲的工作。不想工作的时候就去田间采采草，钓钓鱼，准备一下晚饭什么的。

某天，因为上面有命令要调查疟疾，所以我要对难民营中的难民进行验血。正要进入难民营时，M 给了我个忠告：

"在难民营里绝对不能饮水吃东西。作业结束后，使用的器材要全部消毒后再带出来。"我想那些操作我平时都会做的，没有提醒我的必要，但他这么对我说："难民营里有些不好的东西。"

在滩石头有八六〇四部队的宿舍，我也会把解剖蚊子的器具和显微镜什么的带进去进行作业。疟疾验血结束几天后，我果然看到了和我同宿舍的 M 往图表纸上记下了些什么。过去在被征召以前，他在朝鲜的总督府文书课做公务员，因为负责统计，所以很擅长制表。

我问他："那个表是什么呀？"M 被我的声音吓了一跳，慌忙把图表收到了柜子里。然后一边说："喂，快出去！"一边把我带到了珠江附近一处没有人的地方。"刚才你看到的表，什么都别问。这事不能和别人说。如果告诉了别人，传到部队长耳朵里的话，我是自不用说，就连你也吃不了兜着走……我告诉你这些是为了你好，这件事这一辈子都不能泄露出去。"

用细菌屠杀难民

M让我不再追问后，又说了另一件事。军队为了保证广州市内的治安，将涌来的难民安置在了滩石头，但是从香港过来的难民太多了，难民营也逐渐快达到极限，于是便命令"南水防"用细菌把他们杀掉。M很不幸地成为负责人，陷入了窘境。

M从部队长官佐藤军医大佐那里直接接受口头命令，并要求他发誓绝对不向外界泄露此事，同时认真仔细地完成任务。

他最开始向难民营内的四口井里投放了伤寒、副伤寒菌，但是似乎并没有效果，因为中国人不喝生水，食物也是要煮过或炒过之后才会吃。

因为难民一直在增加，部队长急忙与东京的军医学校进行商谈。在那之后，用飞机将最有效的细菌运过来。那就是沙门氏食物中毒细菌，而且是由军医学校制作的莫斯其型菌株。

虽然据说沙门氏菌的致死率为20％左右，但军医学校的菌株是更加强力的品种。由于从香港周边直到广东，沙门氏菌都不是既存病菌，因而当地居民对此是没有抵抗力的。也正因如此，它能够发挥极好效果。从沙门氏菌播撒的那天傍晚开始，难民营里陆陆续续出现了患者，死亡病例也逐渐增多。

M当时告诉我，死去的人都由省政府的官员运出去埋了，但后来埋的地方也没有了，就把尸体叠在一起掩埋，最后连掩盖尸体的土也没有了，因此坟场附近埋着很多的人。

M在部队长的指导下，将沙门氏菌投入饮用的热水中。一般来说，消化道的细菌都不耐热，在45℃左右就会死亡。从炊事房的热水桶里打来的热水温度就超过了60℃。为此需要等待一段时间，让温度降到细菌不至于死亡的43℃以下。所以要将桶内的热水预先放到炊事房里凉快的地方，对温度下降所用的时间进行记录、制成图表，根据这张图表测量热水从锅中倒到桶里时的温度，以此确定将细菌投入热水的时间，估计好时间后就把细菌投进去。这样的动作要是被中国人看到就会很麻烦，因此操作的时候都是小心翼翼的。

细菌战

虽然不是很清楚，但不只是 M，连一科的 S 伍长也在从事着对 M 进行支援的工作吧。具体来说就是负责培养及准备所使用的细菌，对发病患者的粪便进行检查之类的工作。这些工作自然都是在部队长官的统辖下进行的。

另外，我也曾从滩石头的宪兵那里打听过情况。他们说，难民营内残存的约 200 名难民都被送往北江上游日军占领地之外的地方去了，也就是移送到了敌方势力范围内。那些人虽然喝下了 M 散布的细菌，但都没有死去，都是带菌者。日军让这些人带着法币，也就是中国政府的纸币，以及粮食和衣服，然后放归到敌方控制的区域内。

日军就是这样利用活下来的人实施细菌战。

M 在珠江边，对我诉说了这些他曾做过的事情以后，不禁痛哭流涕。然后说："我一直都没法睡个好觉。"他说他有一种叫"五加皮"的酒，即使将这种红色的酒倒进洗脸盆后喝掉，他还是没有办法睡着。

我常常听部队里的军医说使用细菌武器是被国际条约所禁止的："散布那种东西是不行的。"然而日军在撤退作战或是别的什么时候还是会散布的吧。即使我们现在没有用，但到了要撤离的时候也会用的吧。我之所以会这么想，是因为从别人那里听说了诺门坎的经历。二科的同伴对此非常了解。

封　口

1942 年 8 月中旬，我因为患上疟疾和登革热，回到部队本部，之后在滩石头发生的事情就不得而知了。因为在战地工作三年以上的人都要逐次返回本土，我也变得有些心不在焉了。

大概到了 10 月份，有一次听 M 叫我，便到兵营外见到了他。他说："喂，我不能和你这家伙一起回到日本了。上面让我到新几内亚去。你要是回去的话，我母亲住在福冈的赤间站附近，我想让你去她那儿一趟，告诉她我现在身体很好。"他一边说着，一边把画着略图和地址的便签给我。这是 M 对我说过的最后一句话。

第二天，我透过兵营的窗户看到转属士兵在进行军装检查。那一群转属兵中，就有刚才提到的S伍长。M和S两个人长期在战地工作，完全符合返回日本的条件，为什么他们两人不能和我们一起回去，而要被列入转属兵呢？恐怕正是因为他们与滩石头的细菌战相关，而以这种手段被封口了吧。

用细菌杀害大量无辜的人，把活下来的人送往敌方控制区加以利用，然后将自己视为手足的日本士兵派往激战中的新几内亚而不是让他们回家。做出这种事情的，就是日本军队，我们却把所有的青春都浪费在了军队里。

我在1943年3月迎来退役，返回本土后我来到赤间，去了M的老家，对于M转进到新几内亚一事我没能说出口。在那之后我再次被征召，1945年，我在朝鲜迎来了战败之日，之后得以回国。

战　后

战后稍微安定下来之后，通过别人的帮助，我调查了福冈县厅的归乡者名簿，但显示M并未归乡。大概10年前我曾有机会到访福冈，去了赤间市和市外派所，调查了M的归乡情况，他果然还是没有回来。

在香港直接指挥了"大规模杀害难民细菌战"的波八六〇四部队部长佐藤俊二，在1943年转任南京的华中派遣军防疫给水部（荣一六四四部队）部队长，一年后升为军医少将，任伪满第五军军医部长，战败时被苏联军队俘虏，与七三一部队一同作为细菌战审判的被告接受审问。然而，他对于自己在滩石头进行的细菌战，以及协助航空部队发动鼠疫跳蚤细菌战的罪行缄口不言。

战后，我对谁都没有说过此事。但战争是残忍的，我们不能再侵略他国。我重新思考之后，决定把杀害了大量香港难民的细菌战这一无人知晓、被深深掩埋的真相说出来。

最近有一群人忘记了旧日本军队带给受害者们的恐惧和怨恨，他们正试图再次带日本走上战争之路，他们正在用甜言蜜语蛊惑大众以试图破坏和平宪法。但无论如何美化，开启战争之道都是一种罪恶。

【解说】关于波八六〇四部队

　　波八六〇四部队是日本陆军防疫给水部队中的"华南派遣军防疫给水部"的代号,也被称为"南水防"。1938 年 9 月,由田中严军医大佐任初代部长,于国内进行编组,1938 年 10 月日本军队攻占广东后,该部队于 1939 年 5 月在中国广州重新编成。

　　关于该部队的真实情况,截至目前虽然还没有完全探明,但根据丸山茂的证言、日本民间调查团["电影《侵略》上映全国联络会"(代表为森正孝)成员糟川良谷担任团长]在广州市的调查,以及中国方面广东省社会科学院历史研究所沙东迅的调查研究,情况已经颇为明了。

　　根据这些调查,波八六〇四部队本部的地点、大概的内部构造都得到确认,而且,该部队内部进行的生物武器研究,以及攻占香港(1941 年 12 月)后,大量从香港逃亡到广州市的难民被日本军队杀害的真相都已经弄清楚了。沙东迅的调查报告(发表于 1994 年 10 月)被广州市的地方报刊,以及香港的各主要报刊所报道,社会各界开始重新追究旧日本军曾犯下的罪行。

　　根据民间调查团和沙东迅的报告,波八六〇四部队的据点位于广州市内的中山大学医学部,该部队的防疫给水部门则在广州市北郊外的江村。此外,难民营在南石头(珠江河畔)的惩戒场(后称为惩教场)旧址,与"检疫所"(现在的广州汽车厂)同时开设。这些调查报告与丸山的证言大体一致(丸山将"南石头"写作"滩石头")。

　　沙东迅所写《日军在广东进行细菌战情况的调查报告》(1994 年 10 月第二稿)的"三、广东侵华日军细菌战部队对广州难民营的香港、广东难民进行大规模屠杀"这一章节中,记录了当时(1942 年)身处难民营的几位难民的宝贵证言。现在就对其中一部分进行介绍[在难民营内度过了数年的冯庆章(当时叫冯奇)的"证言"]:

　　　　……难民营……条件非常恶劣,每人每天只有二百毫升调过味的粥。……那时在难民营里流行着一首歌:"笼里的鸟飞不高。调味的粥不吃会饿,吃了肚痛,生病没有药,要是死了,最后骨头也要扔进池子溶解掉。"……1942年春天和夏天,香港沦陷后,大批香港难民陆陆续续乘船被运到了难民营。大概有3 000人到4 000人。……与本地的难民分别对待……日本人强制给难民打预防针,人被打针以后,就开始发高烧,出现痉挛……好几天都起不来。那里有两个溶解尸体的池子,这时候就把已经死了的人和快死的人都放进那个池子里。池子大约有4米深,是一个正方形……(根据冯庆章的第一信)

另外,这篇《报告》的"四、被害者遗骨的下落"中,介绍了当时住在难民营周边,目击到处理死亡难民遗体情形的证人所做的证言〔广州市海珠区南箕村的农民,黄有(68岁)的证言〕:

上图　中山大学医学部内的八六〇四部队所在建筑。
下图　八六〇四部队本部(现为中山大学医学部图书馆)。

　　1942 年初(还是冬天所以很冷),大批香港的难民乘船返回了广州。先是在检疫所进行检查。结果几乎所有人都被收进了难民营(原来的惩教场)。很快就有大量难民病死了。有 6 个劳工……用担架把尸体抬到一处叫作教练所(现在南石头派出所的南边)的地方附近。一次抬一两具,有时候也会抬三具。男女老少都有。有些嘴还在动,还有气息的也一并被埋了。一个坑里重叠着埋六七个人,然后再在旁边挖一个坑。弄得到处都是坑。被埋葬的大概超过了 1 000 人吧……(根据黄有访问记)

　　太平洋战争之后,1953 年、1954 年以及 1982 年,在南石头村的南箕路进行土木建筑时,发现了大量人骨。虽然彻底探明波八六〇四部队全貌尚需时日,但在日本战败 50 周年的今天,终于有了一些头绪。

　　沙东迅《日军在广东进行细菌战情况的调查报告》的全译版,已经收录在森正孝、糟川良谷所编《中国方面史料·中国侵略与七三一部队的细菌战——日本军队的细菌攻击给中国人民带来了什么》(明石书店,1995 年)一书中,请务必加以参考。

(越田稜)

二、细菌诗集
——"咏"七三一部队

とべしゅん(作者笔名)(一六四四部队)[1]

【履历】1919 年出生。

　　　　1940 年分配至华中防疫给水部荣一六四四部队。

　　　　1944 年退役归国。

　　※本篇证言是在《诗人会议》(1995 年 7 月号)所收文章的基础上,增加了以往发表的诗歌和文章总集整理而成。

　　1949 年 12 月,伯力审判在对与细菌战相关的日本战犯作出判决时,已

---

[1] 证言者真名为深野利雄——编者注。

经逃回日本的有关人员自不必说,就连大众媒体也几乎都对这些事实选择无视,仿佛细菌战部队不存在一般。看到如此现实后,为了使真相大白于天下,我决意请作家岩藤雪夫帮忙,将《人间马路大》这样一篇文章寄往《世界评论》杂志。这应该可以让驻日美军眼前一亮。对于一直闭口不言的细菌战部队干部而言,他们也要开始拼命对抗我这普通士兵的证言了。但是,我的证言最终还是被无视了。进入战后时代,我开始用とべしゅん这个名字发表诗歌,为了给在战争中死去的众人一个说法,就用《细菌诗集》这样的形式,以战争为主题创作诗歌,现在也在继续着自己的写作。

从日本 Victor 到军队

1940 年 6 月,我通过了日本 Victor 股份公司子安工厂的入社考试,作为钣金工开始在技术科的试作室工作。然而,20 日我就收到征召命令。在上一年军队检查中,我被定为"第一补充兵,第一乙种合格"。因为我不喜欢军队,只想顺其自然,对于入伍并未做任何准备,然而似乎是军队喜欢我。但是我并没有意识到,进入日本 Victor 后在技术科试作室工作过的经历,将会是我在战争中存活下来的间接原因。

1940 年这一年是"皇纪二千六百年"(神武天皇即位以后),全国上下举行各种各样的庆祝活动。7 月 1 日,我加入千叶县千叶市东部的第八十七部队(通称为"气球联队")。

入伍后,我接受为期一个月的严格军事训练,每天早出晚归。从第二个月开始,我被派到距离部队步行约 20 分钟的千叶陆军医院进修,接受卫生兵教育及实习。三个月的教育结束后,10 月份,上级命令我转属华中部队。在东京站与前来送我的家人亲戚告别后,我沿东海道线西下,第二天傍晚到达广岛,第三天从宇品港乘坐 9 000 吨排水量的医院船"瑞穗丸"号,渡过玄海滩。之后从上海沿着长江溯江而上,到达南京下关后,前往华中防疫给水部,即通称的多摩部队(后来叫作荣一六四四部队)。那支部队就是我们这些卫生兵所属的部队。

传染病菌的检索与研究

进入部队后,等待着我们的是重新进行军事训练。20天左右的训练结束后,接下来就要进行包括学科知识、实用技术及操作内容在内的教育。多摩部队被分为一到四科,其他还有总务科、财务科、经理科等。

有人给我们进行了说明:一科是病理研究与特别作业;二科是传染病预防;三科是病原菌的检索与研究,还有预防疫苗的制造;四科是野战给水与水质检查。大略的教育结束后会确定我们所属的科,我被分配到三科。

多摩部队在南京市的东边,面对着中山门附近的中山东路,西边靠近航空部队,东边隔着一条小路,靠近南京政府的士官养成所军官学校。三科被称作一栋或本部栋,占据四层大楼一楼及二楼的东半部,主要从事传染病菌的检索、研究。部队将建筑群命名为一栋到九栋,三栋也被叫作诊疗所栋,五栋则被叫作礼堂。

三栋二楼有霍乱室、赤痢室、伤寒室、菌种室等各种研究室,同时也对诸如流行性脑膜炎球菌(流脑菌)、结核菌等进行研究。我是在菌种室工作,隔着二楼走廊,南、北都有作业室。北侧房间内有固定的架子,架子装有拉门,里面放着试管架,试管里有伤寒、霍乱、A型副伤寒、B型副伤寒、食物中毒细菌、破伤风菌等等,保管着各种类的人类和其他哺乳动物的传染病菌。我们的任务就是保证这些传染病菌内不混入杂菌,保存的细菌数量究竟有多少,因为没有调查过所以不太清楚,也许有几百或者更多。三科在七栋一楼的北侧有事务室、孵化室(所有房间的室温都能保持在36℃),以及设置有高压蒸汽灭菌机的疫苗制造所等。事务室的旁边有楼梯,楼梯平台处通常会有两名一科的卫兵,一名卫兵去巡逻时,另外一名也不会离开原地。

卫兵腰间挂着手枪,确保其他科的人不会走到二楼以上的地方。

过去曾经有个从其他部队转属过来的军医大尉对当值士官的工作进行巡查时,正要走上二楼却被卫兵拦了下来。他愤怒地去向部队长申诉,部队长却说:"是你这家伙做得不对。那个地方就连值班士官也是不能进去的。"这件事在部队私下间传为笑谈。

下面这首诗,是我在战后创作的。

海洛因
一克海洛因
足以致死
但致死量究竟为多少
难道
不是要杀了人才知道?

用二十只小白鼠做材料
投喂海洛因
百分之五十都死了的话
那投喂的药量
乘以人的平均体重
那就是致死量

粥里混入海洛因
让"马路大"吃掉后
脸抽搐并变得苍白
嘴唇发绀
指甲瘀青
海洛因进入身体后
据说会感到燥热
身体会像火烧一样吧

三十分钟后陷入昏睡
人的生命
摇摇欲坠
昏迷状态一直持续
十六小时后就真死了

海洛因

白曼陀罗

麻醉剂

毒药

泻药等等的毒性效果

用人来试验

连续地,间歇地

加量,又加量

从毒性弱的,到毒性强的

一直试到人死为止

有时人会变得衰弱

无法继续耐受住实验的话

表面上给他治疗

实际并没有

处在无法反抗的状态

氯仿二十毫升

注射进去

粗糙的墙面

灯泡那昏暗的光线中

干瘪苍白的手腕

在剧烈地颤抖

被杀害的

是被封锁在极限状态下的

人

但杀人的

是没有灵魂的恶魔

我们就是鬼子

日本鬼子

（选自《诗人会议》1983 年 8 月号）

那大约是 1942 年 3 月的事情吧。当时部队正门的西侧有卫兵所，我在那儿执行卫兵勤务。因为卫兵从下午 3 点开始要执勤 24 个小时，因此在深夜可以轮流小睡一会儿。在东门有分哨，分哨有卫兵所派来的分哨长及三名卫兵，他们从东门到北门来回巡逻，负责警戒。那一天的夜晚看不到月亮，或者可能是个阴天。

那天半夜所有人都被撤回了，东门的警备也被一科的士兵接管了。我在荣部队服役时间已经超过了一年半，这种事情还是头一次遇到。卫兵执勤时也许都见不到这样的场面。过了一会儿，我和卫兵司令一同出去巡查。从正门向东一直走到种着梧桐树的石墙处，然后向北转到被服库，从诊疗所的楼里穿过去之后，黑暗中有一科的卫兵拿着带刺刀的步枪，不许我们再继续前进。不得已只好拐弯来到营房空地，在那附近也有卫兵，距离我们有约150 米吧。七栋前面的东侧，生长着大叶黄杨的围墙附近停着大篷卡车，穿着白色工作长袍的士兵正在从卡车后面将长方形的大木箱扛下来。之后他们将箱子扛上七栋玄关处的楼梯时，在长明灯的灯光下，我看清了那是白木做的棺材。穿白衣的士兵扛着的是足够把人装进去的棺材。虽然没有一直看着，但只是看到的那一瞬间就已经确认了。

1942 年 4 月，传来了东京首次遭到空袭的消息。傍晚我去洗澡的时候，这个传闻就已经成为大家讨论的热点。虽然空袭就在白天，但有传言说东京已经被彻底摧毁了。在那之后不久，有消息称空袭东京的美国飞机迫降在了南昌，抓获的两名飞行员已经被护送往城内机场。从飞行员的口中得知浙江省的浙赣铁路［连接浙江省与江西省的杭江铁路（杭州—江山）和玉萍铁路（玉山—萍乡）的合称］沿线有中国军队的大型机场。

5 月 15 日，针对金华、衢州、玉山的作战行动开始。在这次著名的浙赣作战中，"满州"七三一部队以军医少佐为队长，派遣两架飞机和 80 名队员，荣部队也派遣了 40 名队员参与此次作战。

下文是《细菌诗集》。

鼠疫

六月已是盛夏

气温超过三十度

湖面在风中荡起波纹

白色柳絮也在轻盈地飞舞

轻型双翼螺旋桨轰炸机

缓缓地在视野中横穿而过

轻型轰炸机投下的细菌炸弹

在极低的空中爆裂

感染了鼠疫的印度跳蚤

被释放出来

空中充满了浮游着的黑褐色

附着在啮齿类老鼠身上

被污染的跳蚤

在迷宫中疾驰

关东军防疫给水部,七三一部队

喷洒着百分之一的苯酚溶液

杀菌消毒

在普通的琼脂培养基中

涂抹上鼠疫菌液

那时产生的飞沫

将一名军属感染

四十度的发热

恶心

头痛

恶寒发抖

与细菌学实习提要上记载的一样

颈部、腋下、鼠蹊部的淋巴结

肿胀得有如乒乓球一般

最后，通体变黑后死亡

细菌战争，是作为大规模杀伤计划

被实施的

一九四〇年，是在浙东宁波

一九四一年，是在常德

一九四二年，是在浙赣金华、玉山

细菌攻击无论何时都选在六月

与气候、温度、湿度有关

浙江省 G 县 S 村发生了鼠疫

三百八十余户中三百二十人死亡

无论到何时"小心鼠疫"的贴纸

都张贴在当地人家的白墙上

摘要型的《申报》

虽然报道了鼠疫流行

而有关日本军的攻击

则并未提到

但细菌战争早已被看穿

（选自《诗人会议》1993 年 10 月号）

浙赣作战

我所属的菌种室，虽然有数人已决定要参加作战，但不知是幸运还是不幸，临到出发前我却开始发热，住进诊疗所。来看望我的中尉对我说了"慢慢静养吧"之后，便出发去参战了。

浙赣作战结束后，有人把那时拍的照片给我看。照片中可以看到地面攻击释放了老鼠后，再焚烧掉竹竿前方吊着的竹笼的场景。照片当然是黑白的，但可以看到点燃的熊熊大火和燃烧着的竹笼。光是看到那张照片，我就理解了地面上的细菌作战是怎样的形式。

1944年5月,我受命出差前往东京。目的是将埼玉县大宫近郊农民家中饲养的老鼠和土拨鼠运往南京的荣部队。过去我们进行运输,是走长崎到上海的海上交通线,但现在这条航线因为美军潜艇活动频繁已经变得很危险,在负责中尉的专断下,运输方式变更为耗时但也更安全的陆上运输。从下关乘坐渡轮在釜山登陆后,从朝鲜半岛北上进入"满州",再从华北的天津利用津浦线抵达浦口。在乘坐小型汽船前往长江对岸的南京时下起了雨,装着老鼠的木箱盖着防水布堆在了甲板上。虽然只是很短的时间,但闷在里面的老鼠很多都死了。搬进部队的时候,一半的老鼠已死亡。虽然陆上长途运输十分困难,但我们还是因为运进这点数量的老鼠而受到嘉奖。

复　员

赴东京的出差总算平安结束,还没过一周,上级发布了"陆亚机密第五〇〇号"命令,我作为"特殊技术者"被转属至千叶县的下志津陆军医院。上级命令我们返回日本且从即日起解除征召,整个荣部队里仅有三人接到这一命令。

那段时期,为了一举扭转渐显颓势的华中战局,上级正在计划展开大规模的长沙作战,为此各支部都开始派遣人员集结到部队本部。我的转属命令就是在集合之后下达的,特别是在同年兵之间以意想不到的速度迅速传播开来,"要是让我在走廊里遇到的话,绝对要把这家伙打趴下",我听到了类似的出于嫉妒的流言。虽然没有被打趴下,但是同年兵的心情我是能够理解的。

在6月20日前后,南京的部队出发了。经过由"满州"流入朝鲜的鸭绿江上的铁桥时,一名士官慌慌张张地跑进车内,向我们报告:"刚才在车长室的广播中听见,塞班岛似乎已经'玉碎'了。"我记得那一瞬间,列车内的所有人都笼罩在黯淡的氛围中。

我于6月末到达下志津陆军医院。7月1日解除征召,能够回到横滨老家了。大约五天后,我在日本Victor子安工厂复职。现在回过头来看,我只能说那时真的很幸运。

但是，我的战争记录还没有结束。只要我还活着，就想把《细菌诗集》继续写下去。

灭亡的海峡
冷淡的，朴素的
白色的马铃薯花盛开着
田间的小路
被铺装起来

酷热的盛夏
布满干燥土块的小路上，组成队列地向前跑着
不知道奔跑的终点在哪里
流下的汗水无法擦拭
我们是为了狩猎而被召集起来的蓝色马匹
奔跑着穿过，盛开着白花的小路
风之伙伴，去往何方

明媚的阳光透过树叶的间隙，落了下来
作草部明神社的附近
千叶县千叶市
东部八七部队气球联队的机库
变成了陶器公司的仓库
庄严的卫兵站过的，联队正门
只留下了花岗石的石柱
在灼热的盛夏
即便时光流逝，也没有崩坏
进入石柱大门
看不到队列，一切都很安静
土黄色的篷布垂了下来

血干以后成为黑色黏着其上
眼窝凹陷,变作了至暗
至暗之中,仍有星在闪烁
散播着遥远南方海的味道

不幸的遭遇中,我们活了下来
那些家伙挨了鱼雷
沉没在了海峡之底
背负着沉重的记忆
黑暗的海峡还留在心中
我至今都无法跨过

我要代替不能言语的他们
一遍又一遍地说
一次又一次地说
不要杀害我们
不要杀害年轻人!

(选自《诗人会议》1981 年 10 月号)

【解说】荣一六四四部队

1937 年 12 月 13 日,日军攻占南京,随后将其作为扩大战线的新据点。军队在推进"满州"石井部队设施建设的同时,在华北、华中、华南方面也建立细菌战部队的据点。

1939 年 4 月,日军组建华中派遣军防疫给水部,在接收南京中央医院后,将其设为本部。首任部队长由石井四郎兼任,之后接替因诺门坎事件而出动的石井继续指挥的,是军医学校时代就与他共同进行过"人工移植疟疾"研究的陆军省医务局精英科员增田知贞。第三任部队长是由七三一部队转属过来的第二部部长大田澄。此后担任这一职务的有佐藤俊二、近野寿男、山崎新。除本部以外,还在上海、苏州、杭州、南京(芜湖)、安庆、金华、武昌、汉口、九江、当阳、岳州、沙市(宜山)12 个地方设置支部,人员共计约有 1 200 人。1940 年后,使用"荣一六四四"的代号,也被称为"多摩部队"。

本部分为七个科,除总务、经理、财务之外,还有一科至四科,虽然病原菌的检索与疫苗的制造等,是原本的防疫业务,但重点放在一科,该科表面上的工作是"特别作业",实际是从事病原体的效果实验与病理研究,也就是进行人体实验,三科则负责培养大量的细菌。

根据佐藤俊二军医少将的证言,部队本部有"两个直径 1 米半、长 2 米半的圆筒形自封闭罐"、"约 200 个石井式培养皿"和"50 个科霍式锅","一个制造周期内的细菌制造量可达 10 千克",足以与七三一部队匹敌,拥有极高的生产能力。(《伯力审判记录》)

伯力审判中,这位佐藤部队长被检察官问到"荣一六四四部队是如何进行人体实验的"时,回答道:"部队没有进行过人体实验。"这是谎言。

一科所占据的七栋,最上面一层关押有作为实验体的"马路大"(部队内称他们为"木材"),二楼以上的地方除直接相关的队员外,即使是军官也禁止进入,部队内部严守着秘密。松本博证言中的"马路大"逃跑事件发生在 1941 年 4 月某个深夜,当事所有队员紧急集合并配备战斗武器,对营地内外进行搜索。满载士兵的卡车在南京城内外彻夜奔驶,但终究没能发现逃走的"马路大"。实际上,为了保守秘密,无论对士兵还是士官都没有进行过任何说明,只是不停地转来转去进行巡视。

1942 年 10 月,从老虎桥江苏俘虏收容所送来 100 余名俘虏作为细菌实验的材料。此外,该部队还向陆军第九技术研究所——通称登户研究所第二科(毒物、炸弹研究)的人员提供场所和"材料"。此外,还在 1941 年与本部、1943 年与上海特务机关联合进行新开发毒物的人体实验。

关于这个部队,必须特别记载的是与七三一部队联合开展的细菌战。其分别在 1940 年宁波、1941 年常德、1942 年浙赣作战中开展细菌作战。

与七三一部队一样,该部队也委托埼玉的农民饲养老鼠,三科的士兵经长崎、上海运来的老鼠被用来制作大量的鼠疫跳蚤。与其说是支援七三一部队，不如说几乎是在进行同等的作战行动。规模庞大的浙赣作战中，该部队生产 60 千克的鼠疫跳蚤，从空中散播至地面，给中国军民造成巨大损害。

1945 年 8 月 9 日，在听到苏联参战的消息后，部队立即就将"马路大"全部杀害，将实验器材、器具、记录等全部烧毁，企图毁灭证据。还将乒乓球台运进原本关押"马路大"的房间，伪装成娱乐室。各地的支部也消失得无影无踪，全部逃亡日本本土。

美军在 1944 年 3 月从被俘日军的 X 光技师口中得知了其任职的南京本部及九江支部的构成及任务，已经掌握浙赣作战中的细菌就是由本部所生产，飞机从这里起飞进行细菌播撒的情况。不过，这个俘虏虽然供出七栋禁止进入之事，但对其在职时就知道的"马路大"闭口不言。

战后很长一段时间内，和七三一部队一样，这支部队的情况并没有得到公开，但是该部队曾有一次出现在公众视野之下。1946 年 8 月 29 日，东京审判的法庭上，沙顿检察官朗读了南京中国战争犯罪委员会提出的报告，其中提到：

> 敌多摩部队将我被俘虏之人民，引至医药实验室，将各种有毒细菌注射于其体内，观其变化，该部为最秘密之机构，其因此而死亡之确数，无由探悉。纵使猫狗牺牲于医药实验，亦为仁者所不忍，况以我俘虏同胞供日寇之实验，彼等待我同胞尚不如猫狗，念之怎不令人怜悯？（《东京审判公审记录》）

韦伯审判长虽然催促沙顿检察官进一步提交关于实验的证据，但由于当时的美国想要独占对日本细菌武器的调查，因此拒绝这一要求。相关审理至此就再无进展，此后，东京审判法庭最终也未对此事进行裁决。

（近藤昭二）

三、在昆虫班繁殖跳蚤
——在诺门坎散播细菌

鹤田兼敏（七三一部队少年队队员）

【履历】1921 年出生。

　　　　　1938 年进入七三一部队（少年队田中班）。

　　　　　1939 年 10 月离职。

　　　　　1945 年 12 月回国。

※此证言乃以佐贺"七三一部队展"（1994 年 12 月）的《报告集》为基础，由本人整理而形成的。

　　我于 1938 年 11 月，作为关东军军属与从东京来的 80 名未成年人一同被送至"满洲"，具体地点为现今中国东北地区哈尔滨。我们的目的地是石井部队，也就是所谓七三一部队，它的正式名称是关东军防疫给水部。我们 80 人以"少年队队员"身份被分成三个班，我被分至第三班。这个班有成员约 30 人，年龄从 16 岁至 18 岁不等。

　　我们于 11 月 13 日入队，那时平房本部建筑群还在建设中。因需要搬运建筑材料，我们就被指派从事此项工作。大楼是三层楼钢筋混凝土建筑。记得是在 1938 年 11 月下旬或 12 月上旬，有一天，我不知道因何爬到楼顶，看到关押"马路大"的七栋、八栋的后院中，有三四个背着麻袋的人在绕圈行走。我感到不可思议，就问班长："这是什么？"班长说："他们是马路大。"但是我不知道"马路大"的意思。又问："什么是'马路大'？"班长道："死刑犯。"我很奇怪为什么我们部队里会有死刑犯，正想再要发问的时候，就听班长说："把今天看到的都忘了，不要说出去。"这是我第一次看到"马路大"的时候。

繁殖跳蚤

　　自 1939 年 1 月，我们作为少年队队员开始接受基础教育。连续接受三个月病理、卫生、细胞学等基础教育之后，至 4 月份，我们被分到各勤务班。我被分到昆虫班，在那里饲养蚊子、跳蚤、苍蝇等昆虫，也就是饲养害虫。在其中最重要的是跳蚤。从事跳蚤研究的是田中英雄技师，从事苍蝇和蚊子研究的是篠田统技师。但是，苍蝇和蚊子是否可以作为战斗力还是一个疑问。此后，跳蚤变成主力。我的工作就是繁殖和饲养跳蚤。

最近不太能看到跳蚤，以前可有很多。不管是人类，还是老鼠、猫、狗等动物，都拥有跳蚤所喜爱的恒温动物的血液。跳蚤成虫和蛹虫都会跳跃。幼虫是乳白色的，也会很快地活动，如果召集所有虫子召开幼虫运动会的话，我想第一名肯定是跳蚤。

为了饲养跳蚤，我们将它们放入容积 18 升的罐子里，放入一半碎屑，再往里面放入跳蚤的饵料小白鼠，将小白鼠牢牢固定在鼠笼里。就这样，大概在第三天早晨，老鼠就会被跳蚤吸干血而死。原有的老鼠死后，我会再放活的进去。

过了一段时间之后，我们就会收集罐子里的跳蚤。一个月会进行两次采集跳蚤的工作。采集时会在罐子中央贴一张白布，接着，会看见跳蚤变得很兴奋，全都往上跳，成虫和蛹虫会正好跳进烧杯当中，剩下的仅有幼虫。收集完毕之后，我们用手捂住烧杯上下晃动，跳蚤就会缩成一团，我们再把它们转移到其他采集器中。我们就这样收集跳蚤。

但是，我们并不知道这些跳蚤会送往哪里。可能会在哪里使用带鼠疫的跳蚤吧。这个工作哪个班在做，我们也不知道。我在七三一部队并不只培养鼠疫菌，也培养肠伤寒和霍乱菌等细菌，虽然如此，但我认为，带鼠疫的跳蚤应该是主要的武器。

在诺门坎散布细菌

1939 年 5 月，诺门坎事件爆发。8 月，我作为诺门坎防疫给水班一员遵命跟随军队行动。防疫给水班的工作，就是使用石井式滤水机这一性能优异的工具将各种脏水转化为净水。病原菌中最小的是"灵菌"，肠道系统的传染病、肠伤寒菌、霍乱菌、赤痢菌等都比灵菌要大。我们将水压入过滤管中，水中细菌就会被过滤掉，杂质也会被过滤掉。净化过的水比自来水更为干净。野战防疫给水班的任务，就是将过滤后的净水送往前线部队。

然而，我们并未从事过一次净水工作。随着形势的恶化，到达诺门坎不久就遭遇苏军总攻。苏军火力相当猛烈，我们一直不停地转换阵地，大伙都在四散逃命。因此，当时的情况，并不允许我们开展防疫给水工作。

敌军的总攻击告一段落后，8 月末日苏开始谈判签订停战协定。这时，我们少年队与成年军属一起,在哈拉哈河支流霍尔斯顿河的北岸露营。一天夜里,上级突然命令我们集合搭乘卡车,在黑暗中司机熟练地开车,将我们带至霍尔斯顿河附近。

长官命令我们"现在将容器搬下车,打开盖子,将里面的东西倒入河中",我们遵照命令行动。在行动过程中,对岸意想不到的地方"叭叭"射出红色和蓝色的信号弹。

回到基地后,我们从头到脚用苯酚消毒液清洗一遍。我不禁怀疑:"我们是不是做了什么不好的事情?到底把什么倒进河里了?"虽然不知道到底散布什么东西,但是我们不能随意打听。这样的作战,进行过三次,但是仅有一次真正付诸实施。第一次是时间不合适,第二次是卡车轮胎陷入泥中无法开动,这两次行动最后都不了了之。

诺门坎事件出征前的鹤田兼敏。

此次行动之后,9 月 16 日宣告停战,9 月 20 日前后我们返回部队。然而,和我们一起执行任务,作为内务班长的卫生军曹却一直未回来。我还在想是怎么回事,没多久就听说,他因感染伤寒死于海拉尔陆军医院的传染病病楼里,我这才知道,当时倒入河里的是伤寒菌。我们明明是防疫给水班,却做这种见不得人的事。

　　总之，我是军属，且尚未成年，部队不会告诉我任何内情。军队中有身份差异，等级最高的是士兵，军马次之，接着是军犬、军鸽（也就是信鸽），最后才是军属。军队中军属地位在动物之下，其中少年队队员更处于最底层。因此，重要之事不会让我们知道。但是，事后才知道的真相，让我们感到无比震惊。如果那时班长和我们一同回来，我们恐怕永远都不会知道播撒的是什么。

被惩罚饲养虱子

　　当从战地回到基地时，石井说："五名少年队的代表过来集合。"然后我们被叫到玄关处。当时，关东军参谋宫田大尉（竹田宫恒德）也来了。石井部队长的意图，是要让关东军参谋们认可少年队的存在。竹田宫问我们："这里有去过诺门坎前线的人吗？"我举起手，于是部队长问道："你认为战争是怎么样的？"我回答说："还是不打仗为好。"那时，我并不具有反战的思想，而是"思想健全的忠良臣民"，于是自然而然地说出了这样的话。现在想来，我真是说了很了不得的话。当时石井没有叫班长和宪兵来处置我，我以为没什么事。

　　然而，不久后，昆虫班班长对我说："从今天起你来饲养虱子。"我所饲养的虱子，是附着在衣服上的"衣虱"。虱子所住之处是固定的，头虱藏在毛发里，阴虱藏在阴毛里，衣虱藏在衣服里，他们都吸食人类的血液。当时的饲养方法就是让虱子吸食我的血液。衣虱是不能用老鼠来喂养的。我让约30只虱子寄宿于长约4厘米、宽8厘米干净的布片上，然后让它们吸食我左手腕前部位置处的血液，每天上下午各吸食一次。就算是痒也不能抓挠，过一会儿打开看看，虱子都倒立着，这时虱子的背部如有一条红色血纹，说明它们喝饱了，然后就把它们转移至烧杯中。这样的工作连续进行了三天，第四天没有任何理由就被告知停止。

　　七三一部队是卫生部队，故要学习病理。衣虱是斑疹伤寒宿主。这些不知道从哪里搜集来的虱子中，只要有一只是斑疹伤寒立克次氏体病毒的宿主，我也会感染斑疹伤寒。万幸的是，我未被感染，实际上这就是七三一部队对说了"还是不打仗好"的我所作出的惩罚。

森村诚一《恶魔的饱食》一书中，写有上级让少年队队员吃带有肠伤寒菌的馒头的故事，我认为也是一种惩罚手段。这样的部队做这样的事，是很平常的。部队中发生的各种乱七八糟的事情，让我不知不觉间对其产生厌恶心理。10 月 31 日，我在七三一部队待了一年之后申请辞职。当时还是可以向上司申请辞职的。

标本室

现在还有一段记忆残留于脑海中。部队本部二楼有一个标本室，在那里我看到一个被鼠疫杀死的"马路大"的头颅漂浮在泡有福尔马林液的瓶子中，人头来自一位中国男子。我还看到有一个被天花杀死的一两岁幼儿被完整地泡于福尔马林液中，这个幼儿也是中国人。这些场面至今都烙刻在我的头脑中。

在七三一部队工作的人中，有依靠牺牲"马路大"来谋取利益者。这些人回到日本后，成为大学教授或校长，还有人获得学士院奖。例如原冻伤实验班班长吉村寿人，战后成为京都府立医科大学校长，他的冻伤研究在世界医学领域都很有名。还有获得一等勋章的冈本耕造，是病理学解剖领域的著名学者，他在七三一部队时一个人就解剖人五六十人。这或许不是准确数字，但是，这些人回国后没有说过任何与七三一部队相关之事，也没有对七三一部队进行过任何谴责，其中很多人反倒还理直气壮地说自己的所作所为是为了国家。每当想到被七三一部队杀害的 3 000 多"马路大"的怨恨，我就在想自己虽然只是位于底层之人，却做出如此事情……人类到底为何会如此啊？

我虽未对他们进行过实验，但是作为一名日本人，我只能对受害者们表达深深的歉意。森村诚一《恶魔的饱食》一书出版后，我开始坐立不安。森村先生前往平房一年之后，我也去了那里。当时我见到罪证陈列馆馆长韩晓先生。我无言以对，只能惭愧地低下了头。

战争可以将人变成魔鬼，我希望不要再有战争了。然而，战后世界各地仍有人开发使用化学武器。每当想到这些事，我就怀疑人类到底是不是具有智慧的生物。

我虽然在七三一部队中仅仅工作一年,然而当时的记忆我永远挥之不去。

【解说】诺门坎事件

1939 年 5 月 11 日,蒙古军队穿过日本统治的伪满与蒙古国边境的诺门坎附近地区,日军(包括伪满军队)对其进行攻击。这是诺门坎事件(哈拉哈河事件)的发端。

7 月 1 日,关东军动员 70 辆坦克、180 架飞机、1.5 万名士兵向苏联军队发动总攻,不久日军败退。驻扎于海拉尔的第二十三师团虽然主张将苏军赶出"国境",但是苏军的坦克等机械化部队对日军的优势具有压倒性。在苏联坦克部队面前,日军仅靠投掷燃烧瓶根本无法与之抗衡。至当年 9 月,战斗已经进行四个月,由于当时德军入侵波兰,苏军要顾及欧洲战事,遂决定结束战斗。9 月 15 日,苏联外交部长与日本驻苏大使东乡签订停战协定,事件画上句号。这次战斗日军伤亡 1.7 万余人,以惨败而告终。

此时,在诺门坎的关东军防疫给水部队出动,出任指导本部部长的是军医大佐(当时军衔)石井四郎。提到七三一部队时,不能将诺门坎事件排除在该部队队史之外。在指导本部部长石井四郎之下,还有由参谋山本吉郎中佐、参谋加藤真一军医少佐、早川清军医大尉、给水队队长村上隆军医少佐、副给水队队长早川正敏军医少佐、碇常重军医少佐、草味正夫药剂少佐、班长作山元治军医大尉、濑户尚二军医大尉、清水富士夫军医大尉组成的指挥系统。在诺门坎附近的沙地,给水只有依靠连接黑龙江的哈拉哈河及其支流霍尔斯顿河。为此,关东军下达作战命令,由七三一部队组成防疫给水队,由此拉开七三一部队实施细菌战的序幕。

"由七三一部队编成的给水班,其任务是探测毒物、检查水质,为第一线部队提供无菌、无毒的饮用水。其他也负责谋略与侦查工作。"上述为原七三一部队队员仓岛寿龟的证言。七三一部队的活动,不仅包括给水业务,也包括小规模地向哈拉哈河中投放伤寒菌和赤痢菌等细菌,以对苏军开展细菌攻击。有关行动在伯力军事审判中也有所记载,证言如下:

被告西俊英,继任教育部长时,看到有关在诺门坎事件中使用细菌武器相关文件。文件中附有原照片和参与作战队员的名单(军官 2 人,士官与士兵约 20 人),还有给敢死队队长碇军医少佐的命令书。

西俊英供述,在作战中,日军向哈拉哈河中投入肠伤寒菌、混合伤寒菌和赤痢菌等病菌。

此时,作为碇少佐指挥的敢死队的一员,仓岛也留下相关证言:"我们将汽油桶中的伤寒菌倒入哈拉哈河支流。然而由于细菌怕水,因此没有取得良好的效果。"

8 月 20 日,日军得到苏军将发动总攻的情报,当时,仓岛接到石井命令,当日深夜作为侦察兵前往诺罗高地。他驾驶汽车,车上总共有 11 人,汽车黑夜在湿地上前行。到达诺罗高地后,他们发现,数十米开外有苏军重炮部队正在做攻击的准备,于是迅速返回部队报告。途中他们的汽车遭到苏军飞机轰炸,仓岛下巴被炸碎,受重伤,同行者中有人阵亡。

此战之后,石井在诺门坎的成绩得到关东军司令部的认可,并受到嘉奖。仓岛也因"完成重要侦查任务"而获得勋章,授勋令如下:

中国事变从军纪念章之证明

仓岛寿龟

根据中国事变从军纪念章令,授予从军纪念章

1940 年 4 月 29 日

赏勋局总裁从三位勋一等　下条康磨

以第 2276902 号记入中国事变从军纪念章簿册

赏勋局书记官正六位勋五等　村田八千穗

少年队队员篠塚良雄生产当时在诺门坎所使用的细菌。战后,在抚顺战犯管理所关押期间做如下证言:

从 1939 年 7 月上旬至 8 月下旬,我为石井部队少年队的队员。根据临时编成,我被分配于由七三一部队培养基班班长早川清少佐指挥的小林队,小林队生产大量细菌,包括生产"诺门坎事件"中用于细菌作

战的伤寒菌、霍乱菌、斑疹伤寒菌等。今野信次技手在无菌室对我们进行直接指导,每组有两人,每月培养约三十个培养皿的细菌。在此期间,我提取了约一千克的细菌。上级下达命令让参加生产的人员逐次将这批细菌搬运到将军庙和海拉尔,以供在"诺门坎事件"中使用……我所搬运的细菌由碇挺身队投入哈拉哈河,也就是发动所谓的细菌谋略作战。(《细菌作战》,中央档案馆、中国第二历史档案馆、吉林省社会科学院编,同文馆)

（西野留美子）

第四章　有关七三一部队消灭证据的证言

一、破坏七三一部队

——我们在 1945 年 8 月 14 日执行的相关工作

沟渊俊美（七三一部队教育部所属）

【履历】1922 年生。

1943 年加入七三一部队，分配于教育部。

1945 年担任教育部助教，苏联宣战时担任警备队指挥班长。

1945 年 8 月回国。

※此证言摘录于《平房燃烧》。

1945 年 8 月 9 日

8 月 8 日，在哈尔滨主楼当班执勤的是野口军医少佐（野口班长）和总务部的江村宽二经理曹长。8 月 8 日就这样平静地过去了，命运的转折点出现在 8 月 9 日早晨，当天值班的是当周担任值班军官的教育部千田英男卫生准尉。

上午 6 点 50 分，教育部起床喇叭和往常一样响起来，我们立即起床整理着装，并一同跑到庭院里。每个班按照到达的先后顺序排成一列，然后由教育上等兵发出"点名"号令，随后班长开始点名。就在此时，本周值班军官野口军医少佐骑着白马从本部主楼跑进教育部庭院，传令道："现在发布空袭警报，所有人立即疏散，从现在起部队进行战时编制，各单位待命。"随后野口少佐返回本部。

这下可糟了。有人到处找防空壕，有人赶紧跑回兵营。然而我并不记得曾经挖过防空壕，所以不管怎么找都找不到。

这时不知谁开始嘟囔道："三果树（地名）那里让苏联轰炸机给炸了。"有身手敏捷者，一早跑回兵营换上军靴，然后将短剑别在腰上再走到庭院里。曹长们都在庭院里待命。

我们按照战时标准，重新编制各班。这时上级下达编制警备队的命令，我们部队负责所有的外围警戒，除七三一部队队员，禁止任何人入内。警备队长是少年队教官薮本勇药剂少尉，警备队长助理是士官学校毕业的吉田少尉。当时担任第七分队长的我，被任命为警备队指挥班长，编入警备队的分队大概有十个。

警备队长对我们下达口头命令，每名分队员都被配发 240 发子弹。

> 警备队命令！警备队负责部队所有外围警戒任务，警备工作以移动哨戒形式进行，全员武器填充实弹，解除武器保险，打开防毒面具保管盒。哨戒过程中不许任何人进入部队范围内，发现可疑人物立即进行三次问话（即询问对方是谁的问话），对方不作回答就立即将其射杀。

9 日早上列队点名时，天空晴朗万里，到下午时开始变成阴天，傍晚时开始下雨。雨越下越大，到晚上变成了倾盆大雨，巡哨归来的分队队员们连内衣都湿透了，军装紧紧粘在身上。巡哨范围包括锅炉室、里门宪兵队卫兵所、器材放置点、农场内部、机关宿舍外围等区域。巡哨一圈需花费一小时以上。

当时似乎有不少士兵、少年队队员和军属进入主楼四方楼内部。大概下午时，四方楼内发出浓烈异味。我以前就听说四方楼中建有关押"马路大"的七栋、八栋两座监狱。虽然不知道他们到底是怎样处理"马路大"的，但是我闻到的异味越来越浓烈，听说他们是在施放沼气，有些"马路大"没有立即死亡，而只能口吐白沫慢慢等死。随后，他们把"马路大"的尸体从二楼搬到后院，用汽油烧掉。

本部主楼中，玻璃器具和显微镜等设备堆积如山，他们又烧又砸，闹出了很大动静。机场角落里有野战消毒车和装载甲号滤水机的汽车，这些设备都被浇上汽油烧掉。

警备队本部旁边的主楼中设有指挥所，由大田澄军医大佐担任总指挥，所有命令都从他那里发出，各现场作业情况也汇总到他那里。我们当时连吃饭休息的时间都没有，全员都是杀气腾腾的状态。

另一方面，在石川曹长指挥下，破坏安达演习场设施的工作班坐着数辆货运卡车已出发。安达演习场置有检验细菌炸弹威力的设备、监视小屋和演习用具（棉被、木桩、捆绑"马路大"的绳子等），这些东西必须处理掉。这一系列破坏工作一直持续到 8 月 14 日。

8 月 10 日

10 日早晨雨势变小，但还是下个不停。我们的工作也像昨日一样持续进行。

大概中午前后，部队专用铁路线上开来一辆列车。昨日列车已拉着第一部研究班班长和家属回国，今天这趟列车是来拉第一部、第二部的军属及他们的家属回国的。在列车冒着浓烟出发后，我们发现机关宿舍的一角有一群"满人"（当时日本人口中的伪满中国人）正窥视部队。我们听到巡哨卫兵的开枪声，"满人"数量好像也在不断增加，我们都察觉到事态的异样。这种情况下，四方楼内部依旧持续作业，那股异味扩散到相当大的范围里。

即使到夜里，那群"满人"也没有撤走。"是谁？是谁?"的问话声透过夜幕从远方传来，我们听到零星的开枪声。

关东军发布的作战命令称："满洲第二五二○二（注：即七三一部队本部番号）部队长（石井四郎），在破坏所属部队重要设施并消灭证据之后南下。"所谓的消灭证据，并不局限于破坏细菌培养设施、研究用设施、器具、陪替氏培养皿、球管、显微镜等设备，还包括破坏掉七栋、八栋以及焚烧尸体等。

8 月 11 日

11 日下午,雨总算是停了。我们也像昨天一样作业。

上午 11 点,教育部长西俊英军医中佐把我叫到教育部长室。西中佐说:"沟渊伍长,你去把教育部长室金库中的文件全部烧掉。"然后他又对我说道:"本部这边有很多军官,所以不用担心,但是孙吴支部要是没有我这个支部长在可不行,我现在要回孙吴支部,后面的事就拜托你了。"我回答道:"今天我听无线电班播报的战况,牡丹江正在发生激战,白城子和齐齐哈尔已被苏军占领,这种情况下您如何回孙吴支部? 半路中要是遇到苏军该怎么办? 现今不如等待战况发展再做下一步打算吧?"但是西中佐无论如何都要立即返回孙吴支部,这就是我和西中佐所见最后一面。后来西中佐被苏军扣押。

今天发生各种事情,周围"满人"越来越多,里头还有扛着旗子者。今天雨彻底停了,天气又回归夏季暑热。四方楼内部的工作还在持续,有好几台卡车载着不知道什么东西慌慌张张地撤走。我听说,拉走的是人体标本和"马路大"遗骨,他们把这些尸骸装入麻袋里,然后扔到松花江中。

8 月 12 日

午后,在四方楼内作业的人员总算出来了。西山伍长为汇报作业完成情况,而前往哈尔滨本部总指挥所去找大田大佐。报告结束之后,我见到西山伍长,他脸庞瘦削,眼窝深陷,脸色很差,看上去如同病人一般。我问他为何如此憔悴,他说:"我三天里没吃任何东西。"虽然他们是焚烧"马路大"尸体的作业,但是好多"马路大"一息尚存,有的人眼睛还能转动,即便这样他们也不管不顾把这些人从二楼扔下去,浇上汽油后烧掉。

　　烧尸体真是太难了。人头和腹部怎么烧都烧不尽。作业时又下起雨,给我们添了一笔麻烦。我们不停地把"马路大"从二楼扔下,然后铺上柴火再把尸体并列摆起来,之后再盖上铁板,在铁板上再盖一层柴火,铺上一层尸体,然后再浇上汽油,就这样要一直叠到三层,然后才把他们烧掉。虽然尸体脑袋和腹部让火烧得"滋滋"作响,却怎么烧都烧不尽。这种环境下能吃得下饭啊! 虽说是命令,但是也太乱来了……

当时少年队队员也参与这一工作。他们和残留的一般军属一起搭乘下午 2 点到达的火车南下,这趟车于下午 4 点发车。

火车出发后,在部队飞机场列队的炮兵对四方楼进行炮击。不过据我所见,炮弹都被四方楼弹开。过了一会,又派来野炮队,在野炮的威力下,这栋坚固的大楼终于无法支撑了。这期间"满人"越聚越多,部队西侧黑压压的都是人,他们发出了"哇! 哇!"的欢呼声。

当日列车带着军属离开部队,剩下的只有现役士兵了。

8 月 13 日

大田大佐对留下者发出命令:13 日尚在部队的队员,在确认部队已经被彻底破坏后,立即搭乘残留的货运汽车南下。

此时部队尚保留数量不少的崭新福特卡车。上级下令称,安达演习场的人员和 9 日开始在四方楼中作业的人员都于下午搭乘列车离开。酒保(军队里贩卖日用品和饮食的商店)把仓库中的食品都搬到部队庭院中,准备到时候搬上火车。

但是我们等了两小时,火车还没有来。此时部队总司令部传来消息,原定的列车到不了了,于是我们只好返回兵营。因为所有设施都被破坏,已没有自来水和电力。万般无奈之下,我们和临近的早川航空队进行交涉,借用他们的飞机机库休息。期间,周边"满人"开始翻过机关宿舍围墙,把其中残存的东西都拿走了,我们开了几枪,他们也不害怕,因为不是敌人,所以也就由他们去了。

晚上约 8 点,无线电班传来新消息:"根据我们监听到的消息,今晚或明早,苏联空降兵将会降落至七三一部队所在地。"

8 月 14 日

总算迎来 14 日早晨。下午约 2 时,我偶然看到石井部队长,从 9 日以来我还是第一次看到他。他对我们说:"两小时后,部队专用铁路线上会开来一辆列车,现在还留在部队的人,全部搭乘这班列车,此后再不会有列车来部队。本次列车到达后仅只停留两小时,你们必须全都上车。"下达该命令后，他就不知去哪里了。

　　随后各分队长立即对自己的队员确认人数，以防有人落下。即便如此，有的分队也存在人数不齐的状况，我们不得不去兵营、厨房、六十三栋、仓库等处搜查，最后发现还有几个在悠闲睡大觉。

　　下午4点左右列车抵达。据分队长个人的判断，他命令在最后一节车厢中堆满大米、砂糖、干燥味噌、干燥酱油等食物。我们先往车厢里堆了几十包大米，又把别的食品堆在大米之上，最后再在上面盖上毛巾。据说我们要去的地方是朝鲜江界的煤矿遗址，但是在那里怎样的生活等待我们，我们要在那里驻扎多久，都不知道。总之，临时的生活用品不可或缺。

　　下午7点，列车发车。大部分车厢都露天装满煤炭，速度很慢。指挥官下令我们全体子弹上膛，火车行驶在昏暗的"北满"原野上。

　　注：1945年6月，"满洲第七三一部队"的秘密代号改为"满洲第二五二〇二部队"，同时其支部番号也作如下变更：

　　关东军防疫给水部："满洲第二五二〇一部队"。

　　同哈尔滨本部："满洲第二五二〇二部队"。

　　同牡丹江支部："满洲第二五二〇三部队"。

　　同林口支部："满洲第二五二〇四部队"。

　　同孙吴支部："满洲第二五二〇五部队"。

　　同海拉尔支部："满洲第二五二〇六部队"。

二、破坏七三一部队和消灭相关证据的工作
　　——我一辈子也忘不了四方楼墙上的血书

篠原鹤男

【履历】1926年出生。

　　　　1945年5月加入七三一部队（分属教育部）第八分队。

　　　　1945年8月归国。

　　※本证言由证人本人整理并收录于鹿儿岛"七三一部队展"（1994年1月）《报告集》之中。

作为日本陆军黑暗部队之一员，战友们曾发誓把七三一部队的秘密带至坟墓中去，现在想来，这条规定确实牢不可破。然而，在当今和平环境中，我仍然难以忘记那些相信祖国并成为牺牲品的人们，更不用说我们长崎还是遭受原子弹破坏的城市。同时，我们城市中以原子弹受害者为代表的市民们，也在努力向全世界宣传废除核武器。

我的信条是，历史真相要传递给下一代并被记录下来，绝不能在历史上留下空白，所以，这次我鼓起勇气走到世人面前进行做证。

前往七三一部队

1944 年末，关东军下达动员命令，我立即接受征兵检查，结果一切正常。次年 5 月，我加入"满州"第七三一部队（关东军防疫给水部），当时 19 岁的我，丝毫不知道这是一支何等黑暗的部队。

当时征召通知上写着"你到哈尔滨去"，"去哈尔滨站的伊藤博文像附近等着"。等我到指定地点之后，每当列车到站，就有三三两两的人聚集起来，其中有一个像指挥官的人对我们说道："各位接下来跟我坐火车。"于是我们就坐上开往哈尔滨郊外一个小车站的火车。在火车上，我们看到地平线上出现一个能装下三个东京"丸大楼"的巨大建筑物。抵达平房站后，我们按照指挥官指示下车，此时我们看到的是一个小小的贫寒村落。

车站外有两名士兵正在使用如同消防车胶皮管般的东西，将河水装入桶中。指挥官对我们说："这条河中的水无菌，可以放心喝。你们不尝尝吗？"但是大家最后都未喝。现在回想起来，那两名士兵可能是在操作石井式滤水机。

我们爬过一个坡后，就到达了七三一部队所在地，然后在主楼前的玄关处列队。随后，部队副官菊池少将开始对我们训话："你们注意到我身后的大楼上，有什么奇怪之处吗？"我们答道："不知道。"菊池说道："我们部队是没有菊花纹章的。"他这么一说，我们才注意到确实没有。大村镇的联队也好，军舰舰艇也好，都有菊花纹章。少将说道："假以时日，各位应该都会了解我们部队吧。"随后我们被配发军服及一本名为《七三一部队队员应具备素养》的教材。

当时长官对我们说："我希望你们明天就尽快上课,你们中成绩优秀的,我可以推荐去哈尔滨医科大学。"我们都在想:"一定要好好学习。"

部队生活

入队之后,我们马上就作为七三一部队队员开始接受教育。最初我们一头雾水,什么都不明白,经过一段时间后,七三一部队的真面目逐渐展现在我们面前。当时我听说经常有日本医学界的一流学者来到该部队,而且四方楼的解剖室每天都在不断进行着活体实验。部队本部二楼陈列室中有1 000种人体脏器标本被浸泡在装有福尔马林液的玻璃容器内。此外,七三一部队为准备细菌战,还培养繁殖包括日本法定传染病在内的20余种细菌。我们最开始学的是消毒学,现在想来,要成为能够使用细菌展开攻击行动的队员,掌握消毒的相关技能自然是必要的。

从上午9点至下午5点,我们的日常生活除早晚吃饭休息之外,就是不停上课。特别是部队方面对我们进行十分全面的基础科学教育。学科分为九个科目,尤其需要我们立即掌握的是人体解剖学、军阵防疫学、军阵卫生学、石井式滤水机操作法、河川给水要领、急救法消毒学(包含毒药学)、防疫侦查、检水侦查等科目。

有一次我们上课时,教育部长对我们说:"我希望你们努力尽快掌握作为一名七三一部队队员应具备的知识。"此外,石井四郎也曾对我们训话:"所谓教育,就是激发你们内在的潜力去工作,我希望你们好好加油。"听到这些训话,我们能感受到这些军官在紧迫战局下的焦虑心情。

每天都持续这种长时间的授课,一到午后我们就变得有些想瞌睡了。每当此时,教官为让我们清醒,就会跟我们说他自己的实战经历。比如,我就听说过他们在1940年前后,曾带着鼠疫菌和霍乱菌到吉林北方的一个小村落中开展实验。试验方法就是把沾染鼠疫、霍乱菌的馒头用纸包起来,然后带到村落里小孩们玩耍的地方,他们自己吃没有细菌的馒头,然后把有毒的馒头分发给凑上来的小孩。两三日以后,由其他的特务班来到村中调查出现患者的状况。我听说实验结束后,他们就会把村子烧掉。

此外，离平房约 200 公里处的安达县，还设有野外试验场，七三一部队也在此地进行冻伤实验。他们把被称为"马路大"的"犯人"绑到零下 20 ℃的户外，以此对严寒条件下的皮肤反应进行研究。在安达实验场附近还有菜地，右侧的菜地种植我们队员食用的蔬菜，左侧的菜地听说种的是沾染细菌的实验用蔬菜，我想可能是霍乱菌，但是听说实验并不成功。

部队规定每日 7 时起床，随后我们在操场列队点名，此时在我们正前方能看到一根细长的烟囱，那里就是试验结束后焚烧"马路大"尸体的焚尸炉。当时每天都能看到烟囱里冒出薄薄白烟。每当看到这幅光景我都在想："唉，今天又在烧人啊。"毫无疑问，当时七三一部队正在频繁地进行人体实验。所谓"马路大"，就是日军在中国以间谍罪名逮捕的"有罪"的人（未经审判就以"特别移送"的名义移交到七三一部队的人）。七三一部队在接收这些人员之后，就把他们关押在七栋、八栋，以用作医学实验的"材料"。这些楼的入口常年都有宪兵把守，戒备十分森严。每周都有好几辆遮有幕布的卡车从哈尔滨把"马路大"运到这里。我听教官说，他们把伤寒、鼠疫、霍乱、梅毒等细菌直接注射到"马路大"体内。

我们当时的身份还不足以进入监狱工作，相关情况只能从别人那里听说。当我们央求长官给我们讲述实验经过时，我听到了下面这段话："进入解剖室的时候，首先要穿上类似汽车修理员穿的那种薄薄的橡胶连体服。打开解剖室的门之后，头顶上会喷下消毒液喷雾，之后我们再进入解剖室进行解剖。"

当我们问有多少人关押在里面的时候，教官答道："房间并没有那么大，也就那三四个人吧。""肠伤寒菌要从'马路大'的侧腹部注入，此外还有拿手术刀的人和计时的人，需要详细记录注射之后多久陷入脱水状态，多久死亡等数据。"后来想想，他们当时是在做多么残忍的事情啊，但是当时想到的是，这是日本陆军这一组织中所发生的罪行，加入陆军之后也就只能放弃怜悯之心了。

破坏七三一部队和消灭证据的工作

1945 年 7 月，我听说"我们七三一部队也终于要坐上特攻机了"，如果我去的话那就必死无疑，所以我没有报名。如果我当时参加特攻的话，只能口念"阿弥陀佛"硬着头皮上。

8月9日早晨，在我们点名时，野口少佐骑着白马在部队里跑来跑去，他对我们指示道："今日凌晨零点，苏联对日本宣战了，接下来你们要按指挥行动。"我们首先要做的就是处理掉个人物品，使世人无法知道我们是七三一部队的队员。

8月10日，我和另外两人一同进入了七栋、八栋二楼的12号室，在此之前我们是绝对无法进入这里的。地板上躺着三名"马路大"的尸体。基本上所有"马路大"尸体都被搬到四方楼的楼外，我们在外面挖了个大坑，坑中木柴和"马路大"的尸体交错堆叠在一起，之后就只需要点火了。

当时我们都是无所适从的状态，对我们下指示的上层干部们应该已抱着重要资料从七三一部队的机场撤走。与此同时，我们被命令以爆破手段破坏监狱。

监狱分为1号到12号，我们进入12号囚室后在其墙壁上安放炸药。此时，我看到写在白墙上的血书，血迹尚未变黑，看来是不久前写下来的，血书的内容是："日本帝国主义打倒　必胜　蒋主席万岁！"字迹非常漂亮。恐怕是临死之际咬破手指写下的吧。那时看到的写在墙上的血书，我一辈子也忘不掉，时至今日仍铭刻在我的心中。现在想来，12号囚室中关押的恐怕是蒋介石麾下的要人吧。我当时想看看写下这些字的人长什么样子，于是立即跑出去，可惜尸体上已堆积了柴火，看不清人长什么样子。我想找找看有没有手上沾有血迹的"马路大"，最后还是没有找到。

后来我们接到命令："14日18时，将七三一部队相关设施爆破掉。"然后我们开始"处分""马路大"，并在13日夜里至14日早上数次用卡车将研究器材和装有药品、标本的容器扔入松花江中。

因为几乎所有的队员都已撤退，爆破相关设施时只留下几十人。我想这大概是看部队的最后一眼，于是在爆破前去四方楼中的各房间看看，每个房间中什么都没留下。但是仍有一幅景象留在我的心中：在我爬上四方楼二楼的时候，正对面窗子边的桌上摆着十名士兵的"英灵"。他们是诺门坎事件期间,往哈拉哈河支流霍尔斯顿河散布伤寒菌时被感染而身亡的。

18点,爆破七三一部队相关设施的按钮按了下去,在爆炸声中,我们坐上火车出发了。我们乘坐的列车在吉林附近一度陷入混乱,随后向北朝鲜行驶。在收容先遣队之后,我们开始纵贯朝鲜半岛的旅程,此时已是8月15日。我们经平壤南下釜山,15日、16日这两天并未发生什么异常,随着时间推移,朝鲜半岛局势也变得不安定起来,甚至出现列车倾覆的传言。我们就在列车上端着武器,一边威吓周边民众一边前进,就这样总算到了釜山,此时已是8月20日。

我们的列车上,当时还堆积着细菌炸弹,我不知道这些炸弹后来扔到哪里了。此外,列车上还载有研究材料和滤水车等器材。

我们从釜山渡过日本海,在山口县以东萩港登陆。在港口休息三日之后,大家作鸟兽散,各回各的故乡。

帝银事件

在休养一段时间之后,我开始在国营铁路公司就职。此时我已经调整心态,在新的工作场所满怀希望开始工作。1948年1月,发生了极为可怕的事件。自称为厚生省技术官的男子出现在帝国银行椎名町分店中,他谎称"附近发生传染病,为开展消毒工作请你们喝下预防药",随后他让银行职员们喝下药物,其中有12名职员身亡,这就是所谓的"帝银事件"。警察立即开展对犯人的搜查,随后,搜查线索集中至七三一部队队员身上。

在我所工作的国营铁道部门中,也有刑警前来调查。刑警对我说:"你也曾在七三一部队待过吧? 为了在被美军或苏军逮捕时自杀,长官都给你们发放过氰化物吧?"我回复说并未得到过氰化物。之后又有刑警来到我的单位,不断地向上司询问我平时的品行如何。在此过程中,同事中开始流传"这家伙可是战犯,他没资格当公务员"这样的流言,我不断受到周围人投来的白眼,在这种情况下我不得不辞职。

后来随着《旧金山和约》的签订,战后处理工作告一段落。我想大概不会有谁再为难我吧,于是我再次开始在公司上班,后来也开创了自己的事业,一直持续到今天。

在战争时代，我周围也有怀具才能的人战死了，我想，这样可怕的战争绝不能再次发生，希望这个世界能永远和平下去。

【解说】七三一部队和帝银事件

帝银事件

1948 年 1 月 26 日下午 3 时许，与武藏野线（今西武池袋线）池袋站一站之隔的椎名町站以北约 50 米处的帝国银行椎名町分店 16 名店员中有 12 名遇害。据幸存下来的店员称，犯人是一个四五十岁的光头男子，他外套臂章上有东京都防疫班的标记，是个长着瓜子脸的知性端庄男子。

该男子冷静地对分店的代理店长称："长崎二丁目相田家在饮用公共水井之后出现四名集体性赤痢患者，据称有个住在他家里的人，今天来过你们银行。GHQ 霍内特中尉过一会儿会带着消毒班过来。"随后他取出镀镍的小型容器和橡胶球管（据警视厅的搜查纲要称，这些器材应为军医的野战携带用具），并从药瓶中取出所谓"预防药"，让全体店员喝下去。四五分钟后店员们开始纷纷倒下，犯人在将店内总价值 18 万日元的现金及部分支票取走后逃离现场。经解剖化验，犯人所使用的毒品为氰化物。

搜查本部经过五个月的搜查和讨论，从犯人冷静的手法、对氰化物的巧妙配比、对时间效果的掌控、服用方法及所持物品等方面推断，此人应该是对毒药拥有极深的专业知识并且与军队关联的犯罪嫌疑人，于是向全国警察发出"寻找与军用药品、特殊学校、研究所或从属之教导队、防疫给水队或宪兵等特务机关有联系的嫌疑人"（搜查要领）的命令。

除本次事件之外，其他银行里也发生了手法类似的未遂事件，在对嫌疑人所持的"医学博士平井蔚"名片进行搜查的过程中，一部分刑警强行逮捕了持有该名片的淡彩画家平泽贞通。平泽不断否认相关指控并多次尝试自杀，一个月后终于认罪。但是在其后的第一次公审上，他坚称自己无罪。此外，尽管并没有摸清为何平泽会知道实际存在的 GHQ 防疫官的姓名以及他何时从何处获得毒药等问题，最高法院依旧在 1955 年 4 月根据平泽的认罪自白裁定其死刑。

搜查线索上的七三一部队

后来,舆论支持平泽诉求的呼声越来越高涨,作家松本清张和森川哲郎等人也在努力进行调查,当时作为特命搜查班一员追踪军队相关线索的成智英雄的证言,也出现在世人眼前。以人体实验验证氰化物毒性的七三一部队,特别是其队员 S 中佐开始作为嫌疑人引起注意。

在事件发生的 40 年后,又出现佐证成智证言的新史料。当时搜查本部第二股股长甲斐文助警部的日记中,记录了从事件发生当日开始的搜查情况、刑警报告等内容,其数量多达 2 974 页。其记述内容中有背荫河时代的石井部队的人体实验和石井手下军医的名单、七三一部队的编制及各个班的任务内容等。其笔记中也有以石井四郎为首,菊池少将和二木中佐、八木泽博士及一六四四部队长山内大佐等人对其进行协助后所浮现出来的部队中的可疑人物。事件中所使用的毒药,极有可能是有延迟性的丙酮合氰化氢,开发此毒药的登户研究所和一六四四部队曾在上海共同进行过人体实验,此外,甲斐的记录中还有石井曾悲叹"我这种为国出力的人居然曾被占领军以战犯身份进行调查"的内容。

占领军对七三一部队进行调查这一事实,对于 GHQ 来说是极不检点的。

美军在日本投降后立即向日本派遣科学技术调查团,并对日本陆军细菌战研究成果进行追问。在帝银事件发生前的 1947 年 6 月末,美军总结道:"日本生物战的数据对美国价值重大,在国家安全上具有重要意义,这种价值远比将石井等人起诉为'战犯'要重要得多。"这说明美国与石井等人已达成以实验数据换取其免予起诉的交易。

东京审判时,莫罗上校曾前往中国搜集一六四四部队的犯罪材料,但是 GHQ 的 GⅡ(参谋第二部)威尔比部长认为:"若是将一六四四部队成员作为'战犯'来进行审判的话,这批数据就要暴露于所有国家面前,应避免这种情况发生。"因此他并不协助莫罗上校,对一六四四部队成员的起诉也因没有收集到足够证据而不了了之。在对帝银事件的搜查正热火朝天的时候,法庭在不公开的情况下,于 4 月 16 日作出终审判决。

　　对于 GHQ 来说,对帝银事件的搜查,早晚会将七三一部队的真相暴露出来,因此无论如何都要阻止相关调查。

　　从甲斐的记录来看,连在战时为七三一部队提供研究器材的日本特殊工业会社的宫本社长也被 GHQ 下达封口令。在明白这些情况之后,平泽却被逮捕了,平泽的被捕,无疑令 GHQ 和七三一相关人员长出一口气。

　　平泽在等待死刑执行的过程中,也在不断进行无罪上诉,最终他于 1987年 5 月 10 日,以 95 岁高龄去世。被捕以来,他度过 38 年 8 个月,总计14 142 天的狱中生活。为了救出平泽而长期从事社会活动的作家森川哲郎也将儿子森川武彦过继给平泽当养子,现在,以甲斐笔记和对毒药鉴定的可信度有疑问的新证据为依据,相关人士已经向日本的司法机构提出第 19 次再审请求。

（近藤昭二）

三、我曾是七三一部队的护士
——石井四郎那可怕的面容和话语令我终生难忘

赤间雅子（七三一部队护士）

【履历】1915 年出生。

　　　　1939 年进入七三一部队,被配属于诊疗部（护士）。

　　　　1945 年回国。

※本证言乃由 1994 年 6 月、7 月、8 月对证人的采访整理而成。

　　我 20 岁的时候,在没有相亲的情况下就嫁人了。叔父担心地对我母亲说:"你怎么把这么好的孩子嫁到那种地方去啊? 这孩子只会变得不幸,快中止吧!"母亲却说:"人家那边都同意,你就别说废话了。"我很感谢叔父对我的关心,一直说:"我不去,我不去。"母亲说道:"你在家里我会很困扰,你赶紧走吧。"听到这话后我失望了,没想到她居然说我在家里会带给她困扰……当时就是这样的一个时代,我放弃抗争,最终还是嫁到对方那里。

　　如我所想的,婚后生活并不幸福。回到娘家的大姑姐背地里说过"娶这种老婆还不如买头牛"这样的话。我就一直过着这种被夫家疏远的生活,在这期间大儿子出生了,但是这并没有让我对这个家产生留恋。孩子还没断奶我就和丈夫离婚,独自一人逃出夫家。虽然我很担心自己年纪尚小的儿子,但是我已经没办法把他接回来了。为了实现独立生活而去了仙台,当时一心只想获得助产护士资格。

就在这时,在七三一部队的保机队(负责保护七三一部队机密的单位)任职的叔父给我寄来一封信。叔父在信里对我说:"你回老家也会很难受吧,不如来我这边吧?"于是我决定到叔父那里去。

我被配属于诊疗部

我带了一张地图,拼命地跑向"满洲",坐船后又坐上火车……后来"满人"越来越多,我在分不清东西南北的土地上孤身一人,不安的情绪令我忍不住哭泣。

最后我终于到达大连。七三一部队队员替我叔父来接我,因为他当时拿着一条写有我名字的大横幅,所以我马上就看到他。当时是1939年夏天。

到达平房的七三一部队本部后,我通过守卫所,被带到二楼庶务科。在庶务科接受面试时我说自己有助产护士资格,于是就被分配到诊疗部。那时我在宪兵室里写下了绝不将部队内的情况透露出去的保证书。

部队占地十分广大,渐渐地以主楼为据点,供队员们生活的村庄也建立起来。在这被称为"东乡村"的村庄一角,有高级军官宿舍、单身宿舍、家庭宿舍等各种队员的宿舍,此外还有东乡神社、澡堂、家庭诊疗所、供队员子弟上学的东乡国民学校、运动场、网球场等设施,队员的日常生活都在此地,但是石井、北野两位部队长官的住宅在哈尔滨市内。

在平房的六年间

我一开始是在耳鼻喉科和眼科之间来回帮忙,后来被配属于矢吹医生的诊疗部妇产科,开始在队员的妻子们怀孕、分娩时帮忙。部队里除诊疗部的护士,在总务部、酒保、咖啡店和食堂等处都有女性队员。

有时候关押于监狱中的女"马路大"也会出现分娩情况。有一次有一个俄国女子要分娩，矢吹医生对我说："看来我不得不去了，不过你们不许进去。"随后他就独自前去处理了。我们护士虽然进不了监狱，但是为了做梅毒检查，我们要把刚出生婴儿的脐带血挤入试管里，然后带至实验室里。

有时候，有的队员妻子会生下双胞胎，我也曾经给第四部制造班班长柄泽十三夫的妻子接生。不仅是队员的妻子，我们也要给在宪兵室做翻译的中国人的妻子和部队所雇佣的中国劳工的妻子接生。给中国人接生的时候需要到他们村子里去。中国女子生下来的孩子中很多是无脑儿、腭裂儿，因为她们大多是宫外孕，所以经常会生下畸形儿。这时候我就会打电话向矢吹医生求助，我还记得矢吹医生对我说："这种经历对你来说可是很宝贵的啊。"

后来还发生过一件事。在宪兵室执勤的 M 宪兵伍长不小心感染梅毒——七三一部队队员们在休息日都会去"慰安所"。当时在平房站前有两间慰安所，在哈尔滨市内还有好几家。M 宪兵似乎就是在慰安所里被感染的。因为他不想被别人知道，所以上级派我给他治疗。

部队里对性病问题管理是十分严格的，一旦在诊疗室里进行治疗就会被人发现，所以我被叫到他们的宿舍里，在那里我对他进行了砷凡纳明（六〇六）的静脉注射。

在部队内结婚

我在诊疗部里工作没多久，就邂逅了从东京近卫联队转来的赤间义男，随后我与他坠入爱河。他是个又帅气又无可挑剔的人，后来我俩在日本的老家举行婚礼，结为夫妇。我丈夫所在的宪兵室和我所在的诊疗室都在同一楼层，但是我并不知道他在做什么工作。不仅是宪兵室，我连只有一墙之隔的隔壁房间在做什么工作都一无所知——队员们彼此之间禁止交流工作相关的内容。我丈夫忠实地遵守这一规定，对我这个妻子也从没有说过什么。

不久之后我丈夫被分配去南方，这大概是 1942 年、1943 年前后的事情。丈夫调去南方之后，每周都会通过军事邮件给我送信，信封中还夹有大红色的干花。信中他写道："哈尔滨已经是一望无际的白银世界，但是南方还开着这样的花朵呢。"后来我才知道这种花是扶桑花。

撤 离

1945 年,我迎来到七三一部队之后的第六个夏天。8 月某一天,部队长石井四郎命令所有怀孕的女队员全部堕胎:"撤离之前把孩子都打掉!"因为堕胎手术是由诊疗部来进行的,当时已经怀孕三个月的我立即被矢吹医生命令堕胎,但是我坚决不肯执行这一命令。虽然这样做违背上级命令,但是无论如何我都不能把自己肚子中的孩子打掉。我对矢吹医生说,要打掉孩子就先杀了我吧。毕竟在他手下当了六年部下,矢吹医生最终还是放过我了,但是其他尚在怀孕初期的女性无法违抗堕胎命令。

下令破坏部队设施的时候,我丈夫所在的宪兵室也接到杀掉日本人以外的所有翻译的命令。后来听丈夫说,他命令同僚用手枪杀掉了一直以来一起工作且深受信赖的俄国人翻译。他当时拿走那个俄国人的手表,想要留个念想,但是内心的负罪感过重,归国途中又把手表从船上扔到海里了。

丈夫没有和我坐同一趟列车撤离,因为他还要继续做消灭证据的工作。后来听说他们把关押在监狱里的人全都杀掉并焚烧掉,研究室里的器材也被扔到了松花江里。

我们坐上列车撤离的那天,破坏部队设施的工作已经开始了。"轰隆隆"的爆炸声回响在我们耳边,与此同时,建筑物也开始火光冲天。有执行爆破工作的队员被烧伤,他们被搬到了我乘坐的医疗车厢里。医院车厢位于列车最后一节,窗口贴有日本国旗。火车出发之后,火光冲天的部队设施离我们越来越远。火车的地板被从部队里搬出来的大米和食品堆得满满的,我们在那上头铺上席子然后再坐下来。

上车之前,我用诊疗室里挂着的黑布制作背囊,在里头装入锅子和我喜欢的衣服。我们撤退途中,那口锅子在野外做饭和生孩子时都发挥了大作用。

撤离列车上发生了各种各样的事件,甚至还有人在列车上分娩了。我被士兵叫到其他车厢的时候,在半路上看到有位年轻的妻子正在生孩子,我当时没有任何准备,只能用披肩和围巾给她做了应急处理。

我们从釜山坐驱逐舰到达山口县，下船后有位带着婴儿的女子喝氰化物自杀了，她的孩子交给我们诊疗部的一位护士，然后被她带回九州老家了。

封口令

到达"新京"的那日夜里，我们接到日本投降的消息，我从停着的列车窗户往外看，看到了一脸凶相的石井四郎正在高声怒吼："接下来你们就回国了，但是你们在部队里见到的，听到的，干过的，今后不准对任何人提起。要是让我知道你们有谁提起的话，我走遍天涯海角也要把你找出来！"他的吼声简直像狮子一样。

当时外头一片漆黑，副官拿着一根大蜡烛站在旁边，石井四郎的脸在昏暗不明的光线里显得更加可怕。石井四郎这张脸吓得我不敢说话，太可怕了，我的身体不住地发抖。

我回国之后无法忘掉石井的威胁，没有和在部队时的任何朋友联系，所以这些人际关系也就消失了。如果让他们知道我违背石井的封口令的话……仅仅这么想就觉得很可怕……那时候石井四郎的吼声现在还在我的耳边回响。

四、从"满蒙"开拓青少年义勇军到七三一部队
——撤退之际，教育部所有人员都在拼命地处理尸体

大竹康二（七三一部队教育部）

【履历】1926 年出生。

　　　　1940 年 3 月加入"满蒙"开拓青少年义勇军。同年 7 月加入伪满北安省嫩江训练所。1943 年 8 月进入开拓团。

　　　　1945 年 5 月加入一二二师团（牡丹江）。

　　　　1945 年 6 月配属于七三一部队教育部。

　　　　1945 年 8 月回国。

※本证言乃由证人在七三一研究会学习会上的发言（1994 年 4 月）及 1995 年 5 月对证人的采访整理而成。

"满蒙"开拓青少年义勇军

我 14 岁从高等小学毕业之后，就加入"满蒙"开拓青少年义勇军。当时日本的举国宣传，让我觉得一定要去"满洲"看看。我受到"殖农增产"口号的诱惑，希望能为日本尽一份力。但是我家只有兄弟两人，大哥已去当兵，还不知道他能不能活着回来，所以当时家人都很反对我的决定。

后来，我在茨城县内原训练所接受三个月训练，随后和 300 名同伴搭乘"关釜联络船"到达朝鲜，再乘火车到嫩江，之后我进入位于嫩江伊拉哈村的八州青少年义勇队训练所。直到 18 岁之前，我们都没有从事农业活动，一直在接受军事训练和纪律教育。当时我年纪还小，连三八式步枪都举不起来，但是把枪架在支撑物上进行射击，倒有时还能命中。

1943 年我 18 岁了，因是山口县人，所以就加入"长州义勇队开拓团"，我们在开拓团中从事粮食生产和军事训练。我们定下的生产目标是 200 吨粮食，实际上的产量，最多接近这一数字。伪满北安省极为寒冷，特别是嫩江的温度，可以低到－50℃。我们曾在暴风雪中进行过军事训练。

当时我们和中国人关系良好，至少对我个人来说是这样的。虽然我们并不一起劳动，但因我们用枪赶跑"土匪"，所以他们管我们叫"小大人"。他们都是山东来的"苦力"，春天乘坐列车从山东来此地，当地人大量雇佣山东人来从事农业劳动，他们却将收入都用来赌博，最后身无分文地回到老家。

我们当时每人获得 200 公顷土地，每年耕种 50 公顷，其余土地就撂荒，这段时间内撂荒的土地逐渐肥沃起来，根本不用施肥。虽然我们也向军队提供大豆和小麦，然而这并非强制性的。

1945 年 1 月前后我们在伪满与苏联国境交界处的黑河进行征兵检查，从那里可以直接看到苏联那边。根据检查结果，我被定为第二类乙种合格，我当时想这样应该就不用服兵役吧。但是 5 月份关东军发布召集令，所有男性都要动员起来，义勇军全被解散，我们把自己的东西和牛马等物资分给当地人，因为当地人对我们都很好。

从参军到加入七三一部队

在我们安心种地的时候，军队发来一纸召集令，因为这是国家作出的决定，我想，还是要当兵才能更好地"保卫国家"，因此我对于参军这件事，并没有什么抵触。

一开始我们去牡丹江掖河进行为期一个月的步兵训练。虽然我们是卫生兵，但也必须首先接受步兵训练。毕竟不会用枪，就算不上是军人。

本来我们应该再接受一期卫生教育，但是后来这道程序免了。6月末，我被分配到关东军防疫给水部（七三一部队）。我们从牡丹江乘坐临时列车直接来到七三一部队所在的平房。到平房站后吓了一大跳，当时看到防疫给水部的"乙"（给水管式滤水机）被直接插入有孑孓不断浮游的水中，然后长官让我们喝下这种水。虽然觉得不可思议，但是喝完之后觉得这水还挺好喝的。把12台"乙"排列在一起就组成了叫作"甲"的机器。

我被分配到七三一部队教育部。虽然我是卫生兵，但是干的都是卫兵的活，直到苏联参战前我都在当卫兵。我们当时在所谓的"三角兵营"中起居，这种"兵营"就是在地上挖点土，然后在上头铺张席子。这样的地方还有好几处，每个三角兵营都驻有一个分队，每个分队大概有100多人。我们来之前，建好的三角兵营可能是由中国人修建的，一到下雨的时候，我们就会被淋得浑身湿透。

当时关东军防疫给水部在做什么呢？这一点完全没人对我说明，所以我也一头雾水。我们被告知绝对不许进入四方楼。部队里有当地人进出，我们卫兵就负责对他们进行检查，这种检查仔细到他们连一根锥子都别想带出去。有一次我错抓一位大人物，当时我朝他喊："谁？干什么的！"他骂我："混蛋！你干嘛呢！"后来我才知道他是穿着便装的军属，是位医生。

我们不能外出，自然也去不了哈尔滨市里。我一次也没有离开过部队，每天做的就是轮班执勤。部队围墙有四个出入口，我每天一处一处地巡查。

部队在做些什么？我们完全不知道，听说是在做梅毒检查之类，有人被用作梅毒研究的材料。我不知道有杀人之类的事，大概相关人员都被下达了封口令吧。

处理尸体，消灭证据

有天早上，也许是苏联宣战后的 8 月 9 日或 10 日，上级对我们发出作战命令，我们第一次踏入四方楼。进去时发现四方楼后院已挖一个长长的深坑，坑里堆积柴火，坑上架着铁棍，深约 1.2—1.3 米，整个构造就像火炉上盖了炉箅子，铁棍按照 20 厘米的间隔摆开，柴火一直堆到洞穴深度的一半左右。

我们进入七栋或八栋二楼囚室内，每个囚室中都有尸体，有的有一具，有的是两具，全是成年男子。我们两个人架起一具尸体，然后"扑通"一声扔到浴池中，我想浴池中大概放了消毒液吧。然后我们再把尸体抬出来，从二楼窗户转运至后院里，二楼窗户和后院之间有白铁皮做的滑轮运货架。我们把尸体放上后"咻"地滑下，整个装置长度大概有十米吧。

我们把尸体搬到铁棍上，等堆满后浇上汽油点上火，但是点火时我已经不在现场。我走出四方楼时看到那里升起烟，从兵营那边都能看到。后来听说烧剩的骨头都被扔到河里，有的尸体被"风葬"了。

进入四方楼之后，我第一次看到尸体，然后就接受上级命令把他们搬出去烧掉。虽说这是命令，但也不是正常人能想出来、能干出来的事！当时我的脑中完全是一片空白。

后来听说，这些人都是吃毒馒头后被杀的。但是有人发觉是毒馒头坚决不吃，就被毒气杀死了。死者都穿着普通衣物，死状与一般无异。

教育部全体人员都被派来处理尸体，就是所有住在三角兵营的人。处理过程中没人说话，所有人都像机械般拼命劳作着。我们当时都是流水作业，此时的我们已算不上人了，人啊！真是有非常可怕的一面。当时的感受一直烙刻在我身体里，恐怕这种感受会一直陪伴我到死吧。

处理完尸体后，接下来就是安装压缩机的工作，也就是破坏建筑物的工作。在执行这一工作的过程中，大概有三四天完全没有睡眠，从那时开始到我们撤出平房期间，一直处于不眠不休的状态，最后连站着都会睡着，我曾把头靠在前面同伴背着的袋子上而睡着。不论是走还是坐，已经完全感觉不到自己肉体的存在。一到晚上，苏军的照明弹就把天空照得如同白昼一般。

我们当时想用压缩机在墙上开个洞，好把黄色炸药放进去，但是墙壁特别坚固，工作很长时间也未开洞。后来，工兵队来了，他们把200公斤炸药放入所有房间里，点燃引线后从建筑物中传来很大声响，但是建筑物本身基本未被破坏。后来听说又调来迫击炮进行炮击，不过那时我们已从平房撤离。

撤出平房

高层这时候已经知道战争必败，我们也已察觉到，所以大家都想赶紧逃命。当时听说卫生兵不会被捕，所以我就换上了卫生兵服装，又套上有绿色标记的袖章。

我们急匆匆地坐上开往朝鲜的货物列车。当时的情报说，苏联列车也在同一条路线上追赶我们。虽然也有一些卫生兵留了下来，但是我们基本全员一起行动，特别是军属中没有一人落下，因为要是落下哪怕一个人的话，大家做的那些恶事就会全都暴露。军属们也和我们同坐一趟车，但是车厢跟我们隔离开。

逃跑时，我也带了一些东西，特别是吃的绝不能少。要活下去不吃东西可不行，比起枪械，食物才是更重要的，这是基本原则。不过这要跟长官保密。我们这些少年兵很可怜，因为出去"讨伐"时，长官跟我们说枪和子弹最重要，让我们把食物和水都扔掉。这是不对的，没吃的就会完蛋，所以我逃跑时装上了一大堆毛巾和甜食。

大概是8月14日傍晚，我们收到苏联空降兵降落至七三一部队所在地的情报，总之，要赶紧从平房专用铁路线上逃离。那时我们真是一日不停地逃命，最后到达梅花口。16日傍晚，我们在通化站调度所听到日本投降的消息。后来列车渐渐南下，并越过伪满和朝鲜"国境线"，我还记得火车渡江时我们还进行了威吓射击。

8月20日，我们抵达釜山。24日，我们乘船，在25日傍晚到达东萩港。随后在当地解散，此时我终于松一口气，完全就是捡回一条命的感觉。要是还留在"满洲"的话，一定会被苏联人提走，要是被带到苏联的话，那可就在劫难逃了。

就在家人都认为我不会回来时,我回到了老家,而且回来得特别早。因为我是打败仗回来的,所以一直把自己关在二楼,因感到羞耻而不敢外出。

关于"七三一"种种

我在回到日本之后,才知道七三一部队那时都在做什么,回来之前只听闻过只言片语。虽然上级没有对我们处理尸体之事下达封口令,但是我也没有和他人提起过此事,也没有从他人那里听说过"七三一部队"的事。后来我隐隐约约地了解到,当时所搬运的尸体,是被用作人体实验的"材料"。

此后,《恶魔的饱食》(森村诚一著)出版并大受好评,我终于弄清楚当年的事。不过我并未读过那本书,我很讨厌这段回忆,感觉做了人类不该做事。当时抱着出人头地的心情去"满洲",正在想着白手起家自给自足的时候,却被强拉进军队……在"满洲"生活时,虽然大家国籍不同,但是彼此之间关系还是很好的。

后来即便被强征进军队,自己也在想这是为祖国,为天皇,心里并未产生任何疑问,这些都是从小学一年级开始就被教育机构彻底灌输进脑子里的。所以,我当时就想,既然是为了国家,死就死吧。那时候完全没有想到自己的家人,毕竟我原本是为了去"满洲"而抛弃家庭的人。

现今出现了各种问题,我觉得日本应该对中国人和朝鲜人做力所能及的事才对。当年那些被强征为"慰安妇"的人很可怜,她们和我们岁数差不多,却被强征为"慰安妇",真是很残忍,很不讲道理的事,日本人都不把她们当人看,她们实在太可怜了。

【解说】七三一部队教育部

关东军防疫给水部在哈尔滨本部内的组织,分为八个部门(包含总务部),教育部即其中之一。这个部门负责对非军属"现役兵"的教育。1945年8月时的教育部部长,为西俊英军医中佐(兼任孙吴支部长)。教育部位于本部主楼以南500米,教育部主楼为二层木质结构的兵营。

教育部主要工作是将士兵训练成卫生兵。新兵教育合计九个月,因为这些士兵也有保卫部队的责任,所以第一期三个月的教育,由专门的步兵部队负责，此时他们接受个人练习、分队练习、中队练习等一般性的基础战斗教育。

第二期教育时长为六个月，由教育部对其进行广泛且彻底的与卫生相关的教育。正如防疫给水部卫生兵教材所书，防疫给水部卫生兵的职责是预防军队传染病并于前线提供无菌无毒的净水。另外，也要求他们具备一般卫生兵所应掌握的包扎术、三角巾使用法、担架用法、毒气检测术等基本技术。此外他们也要掌握石井式滤水机操作、分解、组装的方法。

在防疫方面，他们还要接受细菌学、显微镜的使用方法、细菌培养基的制作方法、离心分离机的使用方法等科目训练。第二期教育结束之后，会根据他们在加入七三一部队之前所具备的技能，将他们划分到防疫、给水、兵器部门、动物舍、医务室、庶务科、经理科、教育科、酒保（军队内销售日用品、饮食的小卖部）、炊事班、裁缝室等单位从事勤务工作。

关于教育部"现役兵"人数问题，从1941年最早一批入队者约300人来推算，合计约有2 000人，但是后来有人员转入其他部队，至1945年8月，平房本部教育部大约有600名士兵。从1941年至1945年1月这期间的入队者，都是从日本国内征集来的，但是1945年5月最后一批入队者（约500人），都是关东军通过"彻底动员"召集来的，基本都是以"满蒙开拓青少年义勇军"为首居住于伪满的日本青少年。针对这批最后入队的士兵，第一期步兵教育也被缩短为一个半月。

苏联宣战后，配属于教育部的"现役兵"，被命令进入战时编制，随后从事消灭证据的工作。他们的工作包括处理特设监狱中关押的实验对象（"马路大"）尸体、对四方楼内部进行破坏、破坏机械器具、烧毁卫生滤水机和野战消毒车、焚毁机密文件、处理人体标本并在相关部队执行破坏工作时担任外围警戒等，另外对研究班的军属及其家人的行李进行打包搬运，也是他们的任务。此外，他们还负责对安达野外试验场的设备进行破坏。

（越田稜）

两篇关于战时日军细菌战的说明

一、应当从整体上把握七三一部队①

我深刻地感受到随着昭和时代的结束,掩盖罪恶的历史封印产生了裂痕。昭和天皇死去的第二年,我走访了原七三一部队的队员。他说:"天皇陛下去世之后,我感觉自己的灵魂都离开了躯体,现在已经可以谈论七三一部队到底做了什么,我感觉就像是卸掉了一个需要顾虑他人看法的重担。"

他们并非拒绝谈论战争,也不是因为部队长石井四郎的封口令使他们缄口不语,而是因为说出在细菌战部队的经历会产生巨大影响。"为了天皇,为了国家",在天皇制军队的指挥下所做的事情,让他们在战后承受着超出想象的巨大压力。每次听到"那种不知何时会变成战犯的不安感"这句话,我都能体会到他们的愁闷。

1945 年 8 月 14 日,日本接受《波茨坦宣言》,迎来战败之日。

战时,日军在中国及东南亚地区设有五支细菌战部队。分别是关东军防疫给水部("满洲第七三一部队")、在北京的华北派遣军防疫给水部(甲一八五五部队)、在南京的华中派遣军防疫给水部(荣一六四四部队)、在广州的华南派遣军防疫给水部(波八六〇四部队)、在新加坡的第七方面军所属的南方军防疫给水部(威或冈九四二〇部队),在这些部队之下还设有大量

①本文系《细菌战部队》一书的前言——编者注。

支部。1940年七三一部队支出费用在1 000万日元以上，其中实验业务费约500万日元（伯力军事审判中川岛清的证言），由此可以推断出其庞大的规模。细菌战部队如此大规模地开展非人道的违法行为，然而在战后却逃脱了东京审判，这些部队的真实情况和责任因此在战后被深深地埋藏起来。然而，最近数年，以被发现的军方资料和"七三一部队展"为契机，渐渐能够听到原细菌战部队队员的声音，尘封的历史也逐步被挖掘出来。

山田乙三从1944年7月开始至日本战败这段时间担任关东军司令官，他在伯力军事审判的证言中提到，关东军司令部作战部"曾负责为细菌战做准备的各细菌战部队的指挥工作"，"为此，保持与该部队的业务沟通极为重要，为了对相关状况进行视察，需要向该部队派遣作战部及谍战部的军官"。

为了研究细菌武器的使用方法，关东军司令部设置特别委员会。委员会成员包括关东军参谋长、关东军作战部长、相关部队长官、各机关参谋人员。这个机构将研究结果通报于日军参谋本部。1945年3月，关东军司令部接到陆军省有关扩大细菌武器生产的命令。同月，石井四郎重新担任七三一部队长官，他的回归实际是为具体实施陆军省和参谋本部的意图，上述内容来自山田的供述。

1993年，发现了能够揭露细菌战历史片段的业务日志（参谋本部作战科员井本熊男中佐的业务日志、陆军省医事科长金原节三军医大佐的《陆军省业务日志摘录》、金原继任者医事科长大冢文郎军医大佐的《备忘录》、参谋本部第一作战部长真田穰一郎少将的业务日志）。分析吉见义明的这些日志，在其所写的《七三一部队和陆军・中央》（吉见义明、伊香俊哉，岩波文集）一书中提到："没有天皇批准，没人能做出实施细菌战和毒气战这种重大决定。"吉见明确将问责的矛头指向昭和天皇，他的论证令人极感兴趣。

七三一部队是受关东军直接指挥的。七三一部队前身东乡部队（之后的加茂部队）与石原莞尔大佐和远藤三郎大佐等关东军参谋有着直接联系。1936年在关东军参谋长板垣征四郎的要求下，根据军令陆甲第七号命令，关东军防疫部正式成立。在战后伯力军事审判中，苏联对与细菌武器的准备以及使用有关的12名被告作出判决。关东军司令部第一作战部长、日本投降时担任关东军副参谋长的松村知胜也对相关问题陈述了证词。

松村知胜在苏联被关押11年4个月，1956年回国。在20年后他出版《关东军副参谋长手记》（芙蓉书房）一书，在书中写道：

> 探明历史的真相极为困难。我虽然认为公开的资料是正确的，但是我们却不知道其背后的事情经过。个人手记记录的是当时发生之事，作者相关的记载或许是正确的，但是一个人所拥有的知识未必就可以囊括全局。后来的记录都是根据记忆所写的，人的记忆并不是完全可靠的，毕竟会有忘记或记错的地方。特别是对于自己不利的内容，即使不存恶意也会将其忘却。抑或是后来的考虑，与当时的考虑也不一样。基于此，我的手记作为真正的资料的价值，还有待商榷。但是，我相信从这份资料中还是可以一窥整体的概况，并且也可作为旁证被使用。如果在各位军事史研究者搜集史料，对比参照以探究真相的过程中，我的手记能起到参考作用的话，那实在是不胜荣幸。

松村在书的第一部中，将"细菌战权威石井四郎中将"列为一节，也许对他这个关东军参谋而言，这是无法消除的记忆吧。有关石井四郎请求上级批准在中国东北部平房地区设置细菌战部队之事，松村有如下回忆：

> 他（石井四郎）在年轻时就行为乖张，在他担任军医学校教官时，笔者在参谋本部编成班工作，那是在1937年的时候，他经常会来我们部门，强烈地要求提供与防疫给水相关的预算和编制等，为此还在我们面前舔食用人小便制作的盐，饮用从污水中过滤的净水等，其目的就在于用这些行为震撼参谋本部的大人物，以便让他们扩大并强化防疫给水部的编制。他视察全国的医科大学，目的在于寻找有潜力的医生以培养成为军医，总之他是富有强大规划能力和行动力的人，有评价说他的意志和辻政信参谋一样强大。

松村知胜在伯力军事审判中陈述了很多重要的证词。他在著作中陈述："一般中佐以上的战犯都会被判15年，总司令官（山田乙三）作为被告被起诉的话，我当然也是被告。对我的调查也都涉及细菌战，但我一口咬定不知道,苏联人也就没再追问。"

有关他与部队之间的关系,是这样陈述的:"梅津(美治郎)司令官与1944年7月以后的山田乙三(司令官)总揽七三一部队业务时,战略上的相关问题都是由我负责的作战部来处理的,关于科学技术上的诸多问题,细菌学领域研究的诸多问题、细菌专家的要员的培养问题、防疫勤务及给水的各种问题要通过关东军司令部军医部长梶塚隆二中将进行。"他在著述中也提到"细菌武器的研究及制造等问题",也是由关东军司令部作战部来指导的。

1944年5月,陆军省向关东军司令部下达有关增加细菌武器产量的命令。接受山田乙三命令的松村,以山田的名义向七三一部队长传达命令,然后又以参谋长的名义向关东军司令部第四部传达确保七三一部队所需设备及材料的命令。

作战部长松村收到七三一部队和一〇〇部队[关东军军马(兽)防疫厂]两位队长有关细菌武器研究和制造各种问题的报告。有关细菌武器使用的报告送交于松村,有关以谋略工作为目的的细菌武器的使用报告会送于情报(谍报)部长。此后,再各自向关东军参谋长或司令官报告。

松村有关七三一部队的另一个任务,是发放通往七三一部队所在地区的通行证。负责分发通行证的,是他的部下作战副部长宫田中佐(昭和天皇的表兄弟竹田宫恒德)。通行证使用之后,要返还给竹田宫。松村说"宫田(竹田宫)负责作战部和第七三一部队的联络"。可以明确的是,竹田宫会将关于七三一部队的实验和细菌武器开发的状况向关东军司令部作战部报告。

8月9日随着苏军的参战,关东军参谋部下令破坏七三一部队并向临江附近撤退。在伯力军事审判询问调查书中,松村对此事作如下的证言:"1945年8月9日或者10日,在开展军事行动的同时,山田司令官决定破坏所有实验室及贵重的细菌培养设备,这是为了不使这些科学实验室落入苏军之手,我命令部下草地大佐制作解散上述各部队以及将各部队队员转移到京城(南朝鲜)的命令,同日,山田司令官签署命令,为了执行相关任务,我们将命令书送交七三一部队和一〇〇部队各队长处。"他的证言表明,破坏部队,将队员和"贵重的设备"转移至南朝鲜,这一系列毁灭证据的指示都是由关东军发出的。

七三一部队等细菌战部队所做的事,绝不是石井四郎的个人行为,而是以陆军中央部门为基础所建立并执行的作战行为。石井四郎作为第一任和第三任部队长官及其所率领的七三一部队的所作所为,最令人印象深刻。虽然不知不觉间七三一部队成为唯一的靶子,但是我们不应该把研究目光仅限于石井本人或七三一部队,而是应该从整个体系出发去研究细菌战部队。

（西野留美子）

二、七三一部队是如何建立起来,又是如何埋葬在历史黑暗之中的①

1925 年,各国缔结《禁止使用生物化学武器的日内瓦公约》(日本此时还未批准)。据说七三一部队创立者石井四郎从这件事中得到启发,准备设立关东军防疫给水部。他不甘在陆军底层做一个普通军医,抱着无论如何也要上位的野心,准备进行细菌武器的研究。从 1928 年春开始的两年间,石井考察了华沙、莫斯科、巴黎、柏林、美国等国的医学研究机构。

归国后,石井担任军医学校防疫部教官,他用天生的气魄和热情来说明细菌战在战争中的必要性。石井八年前还在东京第一卫成医院工作时结识的陆军省医务局卫生科长梶塚隆二和后来的医务局长小泉亲彦,都对其大力支持。

> 最强的几个国家都在准备细菌战,如果日本不准备的话,在将来的战争中将会遭遇极大的困难。(《陆军军医学校五十年史》)

石井主张,对于资源不足的日本而言,投入小、杀伤力强且适用范围广的细菌武器是极合适的武器。参谋本部铃木率道(作战部第一科长)和陆军省永田铁山(军务局军事科长)也被他说动,并于 1932 年 4 月在军医学校中

---

① 本文系《细菌战部队》一书的序文——编者注。

成立研究设施"防疫研究室"。此后,石井带着特殊命令奔赴"满洲",在哈尔滨东南70公里处名为"背荫河"的偏僻地方建立防疫特务机关。

　　这个防疫特务机关虽然是背荫河守备队的一部分,但实际上是个秘密实验场,在土墙和高压电线所围成的建筑物之中,对捕获来的"抗日地下人员"和"土匪"进行人体实验。石井四郎等人以"东乡大佐"(即石井四郎)、"大山大佐"(即北条圆了)和"大岛少佐"(大田澄)等化名在此机关中工作。实验并不仅限于检验细菌效力,还有在只给实验对象水或蒸馏水的情况下,观察实验体的死亡过程有何不同等,各种各样的"军阵医学"实验都在此地进行。然而,1934年秋发生了用于人体实验的"囚犯"逃脱的事件。逃脱的12个人得到东北抗日联军第三军的保护,由军长赵尚志所率领的东北抗日联军第三军游击队袭击了石井部队。以此为契机关闭了加茂部队(石井家乡地名,当时也这样称呼该防疫特务机关,也有说法是来自京都大学附近的贺茂川),相关人员暂时返回日本的军医学校,后来部队转移到了哈尔滨市南岗区。

　　1936年8月,加茂部队根据天皇裕仁的命令(陆甲第七号),正式编成为关东军防疫部,准备在哈尔滨南24公里的平房地区设立新部队。这一年年底时队员人数为170人。这一地区的居民被全部驱离,周边地区被划为特别军事地域,严禁无关人员进入,在8公里见方的广大地区上接二连三地建起庞大的建筑物,同时不断有新队员加入进来。1940年7月,部队根据军令被改编为关东军防疫给水部,建成一个包括飞机场、专用铁路线、学校、神社、农场、宿舍楼等设施的大型军事基地,队员也增加到324名。

　　部队共分八个部门,其中四个支部被配属于中苏国境线上的各要点,此外还编成大连支部。在部队中心部有两栋特设监狱,1938年制定了名为"特别移送"的手续,由各地宪兵移送来政治犯、流浪汉以及吸食鸦片的中毒者等作为"马路大"(实验对象),在"没有审判,没有根据法律解送"的情况下,陆续被送来关押,并被用作实验材料。"马路大"包括中国人、俄罗斯人、朝鲜人、蒙古人,有时还包括妇女和儿童。

　　石井利用母校京都大学恩师木村廉、清野谦次等人的渠道,到日本各地医科大学进行劝诱,以可以进行随心所欲的实验和丰富的研究经费为条件,拉拢到一批副教授级别朝气蓬勃的医学工作者。在石井四郎所谓尊重研究者的专业课题和"医学报国"的旗号下,加上这些研究人员永不枯竭的研究欲望、蔑视弱者的精英思维、缺乏相互批评的氛围和实验条件所具有的隐秘性等因素交融下,最终导致人体实验在此地被反复进行。包括野外特设实验场的实验所造成的受害者在内,这支部队每年造成的受害者多达 600 名(伯力军事审判中川岛清的证言)。据说从 1939 年以后到战争结束,受害者总计达 3 000 多人(摄影班班员德留的证言)。

部队也会进行将细菌掺入食物,试制细菌炸弹以及试用细菌散布器等各种实验。1941 年前后,部队开始使用"满洲第七三一部队"这一代号,各种细菌战行动也进入实施阶段。七三一部队 1939 年在诺门坎、1940 年在宁波、1941 年在常德、1942 年在浙赣、1944 年在重庆等地的各个作战中分别使用鼠疫菌、伤寒菌、霍乱菌等细菌武器。这些作战和部队的行动并不是石井的独断专行,"当时,部队在行动时一定要获得天皇的许可,否则一个中队也调动不了","虽然很多人觉得部队可以'便宜行事',但是事实上完全不是这样的"(当时大本营作战参谋濑岛龙三的证言)。"根据最近的调查,总算弄清了细菌战是由统帅系统、陆军中央系统协同计划并实施的这一事实"(岩波文集《七三一部队与天皇·陆军中央》)。

虽然七三一部队制定了以细菌武器攻击美军和美国本土圣地亚哥港的计划,但是由于苏军进攻"满洲",同时接到陆军中央的指示,七三一部队破坏所有的设施、器材,烧毁一切可以作为证据的物品,迅速撤回日本本土,潜伏起来。

日军上层担心天皇有被宣判为战犯的危险,这种意向与美国对于利害的判断和方针是一致的。从 1941 年开始,美军因担心日本准备进行细菌战而积极收集情报,在战争结束的同时,派遣科学调查团专家穆雷·桑德斯中校迅速开展各种调查。在此期间,大本营作战科长服部卓四郎和大政翼赞会政治家龟井贯一郎、石井心腹内藤良一等人在桑德斯与七三一部队之间上下其手,最终于 1946 年初,麦克阿瑟和 G Ⅱ(盟军司令部参谋二部)决定对七三一部队成员免予战犯起诉。

此时，苏联也开始对俘虏进行独立追责与审判。1947年初苏联方面了解到日本细菌战部队进行人体实验和对中国开展细菌战等事实，苏联方面向东京审判的检察官提供相关文件，并要求讯问石井等人。慌乱中的GHQ立刻与美国本土进行联络，随后罗伯特·H.费尔博士被派遣到日本，并再次对七三一部队进行秘密调查。石井说："苏联方面要雇用我们当专家吗？这样我们可就要向苏联提供研究数据了。"（费尔讯问调查书）石井等人就是这样以研究数据为筹码换取美军对其免予起诉。收到费尔报告的美国国务、陆军、海军三部门调整委员会经过长期商议之后，认为获得七三一部队的数据远比追究其"战争犯罪"责任重要得多，"这份数据对于保障国家安全极为重要"（美国三部门调整委员会远东小委员会的报告），最终决定以免于对石井等人提起战犯诉讼来换取其研究数据。

苏联方面对石井的讯问在GⅡ在场的情况下，以走过场的形式草草结束。在费尔结束调查之后，美国命令约瑟夫·比克塔和艾德文·V.希尔将其调查结果汇总，并命令七三一部队19名主干人员前往美国撰写并提交其研究数据的报告。

如此，日本细菌战部队的成员没有受到任何一方的追责，他们隐瞒过去，战后又回归到日本的医疗领域和医学界。

此后，在朝鲜战争的时候，七三一部队开发的改良型细菌炸弹被美军投放到了朝鲜战场，当时在汉江沿岸地区出现与七三一部队发现并进行研究的孙吴热（流行性出血热）相同类型的病毒，内藤良一、二木秀雄、宫本光一等七三一部队相关人员所建立的日本血液银行（之后的绿十字公司）借此大量生产干燥血浆提供于美军和韩军。由此有人指出七三一部队成员在二战结束后仍与美军保持合作关系，但是真相目前仍不明了。

（近藤昭二）